知る・探る・究める
栄東のアクティブ・ラーニング!!!
active learning
◆海外ALinアメリカ
JN116886
ボストンの
ミルトンハイスクールで
ディベート&ディスカッション!!
◆海外ALinオーストラリア
シドニーの
セントアイビスハイスクールで
書道!!
◆古都ALin京都・奈良
京都大学の留学生に
英語でガイド!!
◆海外ALinイギリス(イートン)
名門イートンカレッジ
サマースクール!!
◆校外ALin三宅島
千葉大学の教授と
三宅島の巡検から学ぶ火山学!!
文部科学省SPP指定校
Active Learning
◆アーチェリー
全国大会優勝!! 国体も出場!!
ナショナルチームに2名選抜!!
◆箏曲
邦楽祭(県大会)で金賞!!
尺八、三味線、着物の着付けも!!
◆鉄道研究
全国鉄道コンテストで入賞!!
(校舎横にはJRの操車場)
◆サッカー
首都圏大会で見事優勝!!
(県予選)
顧問は
東京大学サッカー部出身!!!
◆チアダンス
USARegional大会に出場!!
ALL JAPAN CHEER DANCE 大会に出場!!!
◆クイズ研究
高校生クイズ全国大会出場!!!
決勝でハワイ、ハリウッドへ!!
◆茶道
瑞想庵(茶室)で表千家を学ぶ!!
◆水泳
温水プールで全国大会第2位!!
日本選手権出場!!
(50mバタフライ)
◆コーラス
全国大会金賞!! 文部科学大臣賞!!!
Tokyo Disney Sea で演奏
栄東中学・高等学校
〒337-0054 埼玉県さいたま市見沼区砂町2-77(JR東大宮駅西口 徒歩8分) ◆アドミッションセンター TEL:048-666-9200

Wayo Konodai Girl's Junior High School

凛として生きる 和洋

2017年4月より中学校が、高校と同じ国府台キャンパスに移転します。

特色ある英語教育

国際社会で使える英語力を身につけ、世界を舞台に活躍できる人材を育てています。

楽しくアクティブな英会話の授業をレベル別に3クラスに分けて、１０人以下の少人数クラスで、週１時間行っています。（全学年）

また、冬休みには１～３年生が参加できるオーストラリア姉妹校の教師による英語研修合宿、３年生の夏休みにはブリティッシュヒルズ語学研修を、３月にはイギリスへの８日間の研修旅行を用意しています。

実験・観察を重視した理科教育

理科の授業は週４時間。「実体験から学ぶ科学」を掲げ、３年間で１００項目の実験・観察を取り入れています。五感を使った体験型授業を展開し、身の回りの自然科学への理解を深めています。

液体窒素を使った状態変化の実験やブタの心臓の観察など本校独自の内容を取り入れ、理科への興味・関心を養っています。３年生では課題研究に取り組むことで、自然科学への探求方法を学習し、科学的思考や応用力を養います。

英会話の授業風景

■学校説明会

11月 7日(土)
12月12日(土)
1月 9日(土)
各回　10：30～

■推薦入試
（基礎学力テスト・親子面接）

12月 1日(火)

■一般入試(2科目・4科目選択)

第1回　1月20日(水)
第2回　1月24日(日)
第3回　1月27日(水)

理科実験（ブタの心臓の解剖）

鮮やかな色のバス、生徒がデザインしました。

スクールバス運行

松戸駅/北国分駅　⇔　本校
市川駅/市川真間駅　⇔　本校

和洋国府台女子中学校

http://www.wayokonodai.ed.jp/

〒272-0834　千葉県市川市国分4-20-1　Tel:047-374-0111

準備は万端!? 試験当日の持ちもの

試験当日はなにかとあわただしいもの。うっかり忘れものをしたら大変です。必要な持ちものは前日までにしっかりと用意しておきましょう。ここでは、準備する際のポイントとともに、試験当日の代表的な持ちものをお伝えします。

ただし、学校によっては、試験会場に筆記用具以外の持ちこみを禁止している場合もあるので事前によく確認してください。

1 受験票 持ち運ぶ際は、クリアファイルなどに入れておくと、汚れたり折れ曲がったりしないので安心です。忘れてはならないものですが、万が一、紛失してしまったり、忘れてしまった場合は受付で事情を説明しましょう。試験を受けられないということはありませんので、あわてずに落ちついて行動してください。

2 筆記用具 鉛筆はHBの濃さのものを6～8本用意しておきます。鉛筆削りもあると便利です。シャープペンシルの場合は2～3本、替え芯も準備しましょう。

3 消しゴム ゴムが硬すぎると、消す際に試験用紙が破れることもあるので注意！ 消しやすい良質なものを選びましょう。消しくずがまとまるタイプのものもおすすめ。予備も含めて、2～3個用意しましょう。

4 上ばき ふだん学校で使用している上ばきでかまいません。スリッパは避けた方がよいでしょう。

5 腕時計 計算機能がついていないものを用意します。アラーム機能がある場合は、忘れずに切りましょう。持ちこみが禁止されている場合もあるので、事前に確認が必要です。

6 三角定規・コンパス 持ちものとして学校から指定される場合があります。逆に、持ちこみが禁止されていることもありますので注意してください。

7 お弁当 午後にも試験や面接がある場合に持っていきます。おかずは汁がでないもので、消化によいものがいいでしょう。緊張して食が進まないときでも食べやすいように、ひと口サイズのものやお子さまの好きなおかずを入れるなど、工夫してみてください。

8 飲みもの 温かい飲みものは緊張をほぐす効果があります。保温性が高く、カバンに入れやすい小型のマグボトルに入れて持っていくのがおすすめです。

準備は万端!?　試験当日の持ちもの

1 受験票

何校か受験する場合、他校の受験票とまちがえないためにも、学校ごとに分けておきます。

2 筆記用具

転がらないように、輪ゴムでひとまとめにしておきましょう。

3 消しゴム

消しやすさが重要。試験用紙を破いてしまったりしないように硬すぎないものを。

4 上ばき

ふだん学校で履いているものをきれいに洗って持っていきます。

5 腕時計

当日止まっていた！　なんてことがないように電池を確認しておきましょう。アラーム機能はかならずオフに！

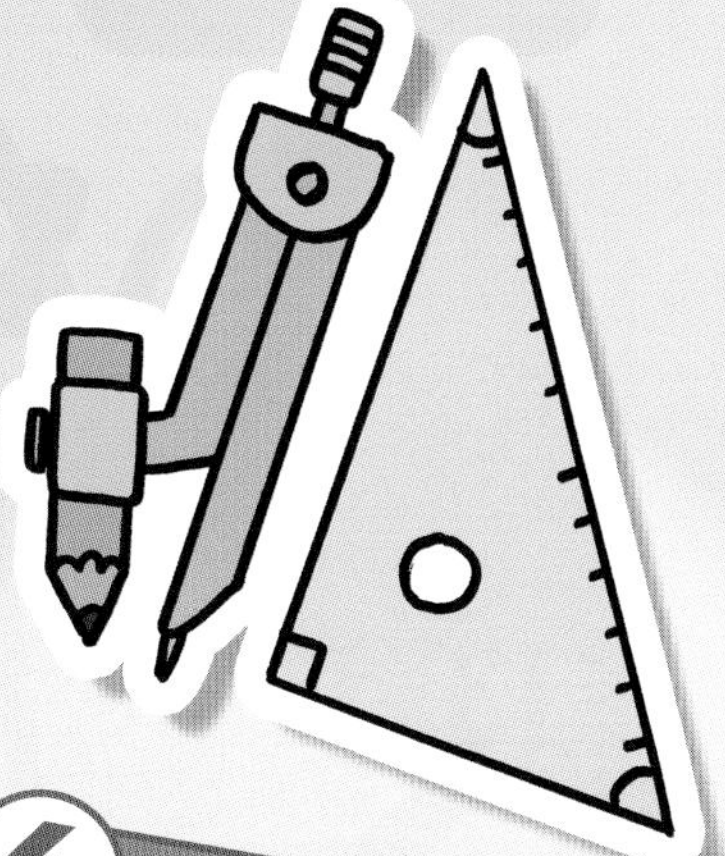

6 三角定規 コンパス

学校から持ってくるように指示があった場合は忘れずに。

7 お弁当

緊張で食欲がでない場合もあるかもしれません。お子さまが食べきれる量を用意しましょう。

8 飲みもの

温かい飲みもので心も身体もリラックス！

9 ハンカチ タオル

洗濯してある清潔なものを。新品の場合は一度洗濯しておくと水分の吸収がよくなります。

10 ティッシュペーパー

鼻を噛むときはもちろん、消しゴムのかすを捨てるときや机がガタつくときに机の下にはさんだりもできます。

11 ブラシ 手鏡

面接がある場合は、その前に身だしなみを整えましょう。洋服のホコリをとる小型のエチケットブラシもあると便利です。

12 大きめのカバン

荷物をすべて入れられる大きさがおすすめ。ファスナーで口が閉じられるタイプであれば、中身が飛びでたりしないので安心です。

13 メモ用紙

電車の時刻やスケジュールなどを書いておきましょう。

14 交通機関のプリペイドカード

電車やバスに乗る際は、切符よりもスムーズに移動できるのでとっても便利（交通機関によっては使用できない場合もあります）。

9 ハンカチ・タオル トイレで手を洗ったときや、雨や雪でぬれた衣類や持ちものをふく際に使います。

10 ティッシュペーパー 身だしなみとして持っておきましょう。

11 ブラシ・手鏡 面接がある場合は、その前に使いましょう。

12 大きめのカバン 手袋やマフラーなども入る大きめのものが便利。口にファスナーがついているタイプだと、雨や雪の日でも、なかのものがぬれません。

13 メモ用紙 保護者控え室では、1科目ごとに問題と解答が掲示されることが多いので、準備しておきます。鉛筆も忘れずに！

14 交通機関のプリペイドカード 切符よりも割安なことが多く、券売機が混雑しているときでも、スムーズに改札を通ることができます。残高を確認し、事前にチャージしておきましょう。

15 携帯電話 おもに保護者用で、試験会場には持ちこめません。マナーモードに設定し、緊急連絡などに使用しましょう。

16 お金 指定文房具を忘れてしまったときの買いものや交通費に使います。交通機関のプリペイドカードに対応していない交通機関も一部あり

準備は万端!?　試験当日の持ちもの

16 お金

小銭を用意しておきましょう。

15 携帯電話

緊急時用です。まわりの迷惑にならないよう、マナーモードに設定することを忘れずに。

18 雨具

防水性の靴やレインコートなど、雨具も準備しておきます。

17 カイロ

貼るタイプのものや足裏用などさまざまなタイプがあるので、用途によって使い分けましょう。

19 替えソックス

雨や雪で靴下がぬれたままでは試験に集中できません。また、風邪をひくことにもつながります。備えあれば憂いなし！

ますので、小銭を用意しておきます。

17 カイロ　手軽に温まることができるので便利。ただし、低温やけどには注意が必要です。カイロケースも用意するなど工夫を。

18 雨具　試験当日に雨や雪が降ることもあるでしょう。濡れたものを入れるビニール袋もあれば◎。

19 替えソックス　雨や雪で靴下がぬれてしまった際に、すぐに履き替えられるように準備しておきます。

そのほかにあると便利なもの

学校案内や願書の写し　面接がある際に持っていくと参考になります。

参考書　緊張して落ちつかない場合は、開いてみるといいでしょう。

のどあめ・トローチ　緊張で口のなかが乾いてしまったときや、のどが痛いときのために。

マスク　風邪予防に効果的。移動時にはかならずつけましょう。

お守り　これまでの努力が実りますように！

準備はできましたか？　77ページには「持ちものチェックリスト」を掲載しているので、そちらも活用してください。しっかり準備して、落ちついて入試当日を迎えましょう。

YOKOSUKA
GAKUIN
Junior & Senior
High School

大学30名＋女子短期大学6名
青山学院への推薦入学枠 36名

○学校説明会

12.12(土)10:30〜12:00

○土曜ミニ説明会

1.9(土) **1.16**(土)10:00〜11:30
＊参加にはWeb予約が必要です

○水曜ミニ説明会

12月までの毎週水曜日10:00〜11:30
※参加にはweb予約が必要です
※学校行事などで開催できない場合もありますので、必ず事前にご確認ください

2016年度入試募集要項

	1次A	1次B	2次	3次
入試日	2月1日 午前	2月1日 午後	2月2日 午後	2月3日 午後
募集人員（男・女）	25名	25名	15名	15名
	【英語入試】各回若干名（1回のみ受験可能）			
試験科目	2科·4科選択	2科	2科	2科·4科選択
	【英語入試】作文（日本語）および保護者同伴面接			

※出願はインターネットのみとなります。
本校ホームページでご確認ください。

TOPIC
2016年度入試で**適性検査型入試**を実施します！
2月1日 午前実施 （20名募集）
12月12日(土)13:30〜
臨時の説明会および入試問題体験会を開催いたします

世界の隣人と共に生きるグローバル教育！

横須賀学院は　キリスト教の信仰に基づく教育によって
神の前に誠実に生き　真理を追い求め
愛と奉仕の精神をもって　社会に　世界に対して
自らの使命を果たす　人間の育成を目指します

青山学院第二高等部を継ぐキリスト教教育

横須賀学院中学高等学校

〒238-8511 横須賀市稲岡町82番地
Tel.046-822-3218 / Fax.046-828-3668
http://www.yokosukagakuin.ac.jp/

学ぶ楽しさ
輝く自分

「私」と向き合ってくれる
先生と出会いました

適性試験
2016.2.1(月)
15：00-

- ●適性Ⅰ・Ⅱ各50分　各100点満点
- ●成績優秀者には特待制度あり（3段階）
- ●合格発表 当日19：30～
- ●入学手続き2月11日（祝）16：00まで
- ●願書受付
  1月20日（水）～2月1日（月）まで

学校法人　日本文華学園

文華女子中学校

188-0004 東京都西東京市西原町4-5-85
TEL.042-463-2664　FAX.042-463-5300

入試直前 必勝ガイド

CONTENTS

2016年度の中学校選択を考える

「変わる大学入試」を見据えた教育実践が行われているかどうかがカギ

EDUCATIONAL COLUMN

森上 展安

森上教育研究所所長

森上 展安 *Nobuyasu Morigami*

「受験」をキーワードに幅広く教育問題をあつかう。とくに中学受験について永年のデータ蓄積があり、そこから導きだす分析をベースにした鋭い指摘に定評がある。近著に『偏差値だけではわからない 塾も学校も教えてくれない 入って得する人気校の選び方―中学受験白書2011 首都圏＋全国480校』（ダイヤモンド社）などがある。

大学入試改革のさき延ばしも もう「待ったなし」は現実

２０１６年入試の動きで、押さえておきたいことは、改めて出口、つまり大学進学への注目でしょう。

理由は、ズバリいまの中1からの大学入試変動への対応です。ただし、この改革は、大学入試センター試験を新テストにしたり、個別入試を人物本位の選抜にしたり、といった当初の文部科学省のねらいは、中間まとめ(8月27日)の時点では後退し、いまの小3が大学入試に挑む年までさき延ばしされたようすです。とはいえ、最終まとめ(今年末の予定)ではどうなるかはなんとも言えません。

それに、もし、さき延ばしされたとしても、要はセンター試験の改革が柱ですから、個別入試の変化はまた、別の議論です。

個別入試の改革では、文科省のねらいである、高校と大学の教育の一体改革の方針をさき取りして、入試改革が動きだしています。国立大学協会が、推薦・AO入試を全体の3割まで拡大するプランを先日打ちだしましたが、２０１８年度からをめざす予定です。よく知られているようにTOEFLやTEAP、GTECのような英語の外部試験を大学入試の選抜に活用することも、個別入試では来年度から有名私立大が導入します。

つまり、小3世代からセンター試験が新テストに変わるよう延ばされたとしても、改革の方向性である高校と大学の教育のところでの接続をよりスムースにしたい、全体の大改革はむずかしくとも、個別入試で変えやすいところから変えていこう、という動きは加速されていくというのがおおかたの見方でしょう。

難関大の頂点に立つ東京大・京都大が推薦入試（東京大）あるいは特色化選抜（京都大）といった、いわゆる推薦・AO入試の入学枠を来春実施して10％枠から前記した30％枠まで拡大していくのも認定方針ですから、こちらの選抜対応となれば、まさに光った才能を選抜に役立てる道が開かれたわけですし、さきごろ発表された東京芸大の飛び入学にしてもそれは同じことです。

この光った才能の持ち主は、当然ですが、早々からハイレベルの指導を受けるにこしたことはないので、SGHやSSHなどの指定校などで大学からの指導を受けるなどして才能を磨いた方がよいでしょう。

そのぶんだけ、通常の秀才が難関

国立大に入る枠は狭まります。しかし、出口つまり18歳のゴールとしては難関大がはずせない、と考える層には難関私立大附属ルートが魅力的に映るはずです。というのも、そこでは大学選抜については、大きな変化は考えられないので、附属に入学することで、難関大進学のある程度の保証は得られるからです。

実際、早慶の附属はこれまでの減少傾向とちがって増加基調です。

とはいえ、最も多いのは中間層で、いかに成績が相対的に高いといっても、トップ進学難関校、トップ附属校へ行く人はかぎられますから、その多くは、次順位の進学校、附属校を選抜することになります。

ここが、トレンドの分かれるところで、人気傾向は、ここではつきっきりの数理指向、グローバル教育対応指向となり、確実な難関大合格指向という共通性が両者にあります。

このことは逆の傾向を考えてみるとより鮮明です。つまり、私大文系指向、ローカル路線、不確実な難関大進学、という学校のスタンスでは、不人気校となるわけです。

とはいえ、これは中間よりやや上位校への見方で、中間の中位校あるいは入りやすいところでは、トレンドはグローバル対応が顕著にでています。

活用知や集合知を育む アクティブラーニング

さて、こうしたトレンドをもう少し基底で支えている考え方を探ることで、どのような受験生の志向があるかをみていきます。

数理指向というのは、今日の社会が、数学の応用分野があらゆるシーンに見られ、数学的素養が、身につけておきたい重点資質だというおとなの側の認識があると思います。

また、グローバル志向、身近なことでいえば英語力獲得は、必要に迫られていることを知っている保護者が多い今日では共通のニーズと言えるでしょう。

こうした数理の力と英語力は、じつはこれまでとちがった学力のあり方を求められています。

いずれもこれまでのような内容知としての学力のあり方――たとえば、文字式や方程式の解法を知っていることや、英語のテキストの「読解」ができたり、文法的に正しく作文できることなど――とはちがって、応用知を求められているところがむしろ重要なところです。

とはいってもこれまでのような内容知をないがしろにするわけではなくて、応用知や協同学習によって集合知（つまりチームで最適の解をつくるということ）を得ようとする学びですね。その過程で内容知をしっかり押さえておくことが求められます。

こうした新しい学力の考え方に立って、それにふさわしい指導を考えると、それは「アクティブラーニング」ということになります。

これから入試まではそう多くの時間はありませんが、こうした入試の人気トレンドは、わりあいはっきりとしているので、そのあたりのことを各中学校がどのように考えて取り組んでいるか、という視点を持つと学校選びがより鮮明に見えてくるのではないか、と思います。

いま、授業だけを取りあげましたがこうしたアクティブラーニングや学力の考え方の底には、自ら学ぶ意欲を重視する、という最も重要な学力観がおかれています。

その意味では授業のみならず、行事においてもそのような考え方で行われることが大切です。

有り体にいえば、体験型の研修行事で、そこに活用知や集合知を育む仕組みがあるかどうか、ということですね。

一方で、ＩＣＴ（情報・通信技術）という時代の要請があります。アクティブラーニングを、効率よく実施するツールとして教室におけるコンピュータや電子黒板の活用は、あったにこしたことはありませんが、その前に指導の中味が問題です。参加型のアクティブラーニングはＩＣＴが用意されていなくてもできるのですが、ＩＣＴがあるからアクティブラーニングができるわけではありません。そこは注意が必要です。

では、文系の人気はないのか、と言われれば品川女子学院にみるアントレプレナーシップ教育（起業家的な精神と資質・能力を育む教育）は人気があります。いわゆる哲学、つまり考え方の授業あるいはそのもととなる教養の授業もトレンドです。いきなり理系はハードルが高いので、文系中心の学校では、こうしたアプローチもいきるでしょう。

そういう目で見ていただくと、個々の学校の人気の消長もわかりやすいのではないか、と思います。そのなかでほかの条件面（たとえば学費や近さ）にも合った学校を見つけましょう。

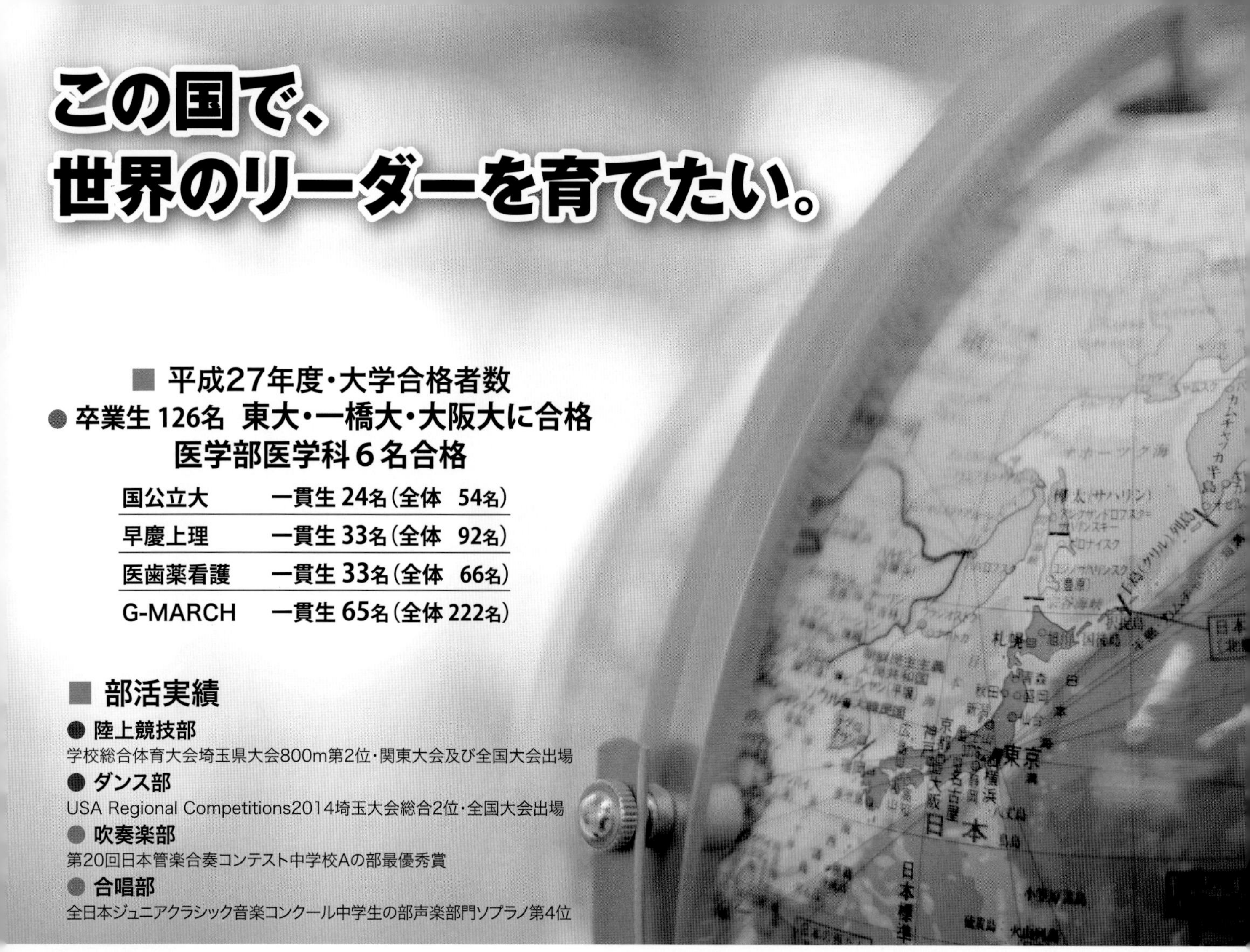

この国で、世界のリーダーを育てたい。

■ 平成27年度・大学合格者数

● 卒業生 126名　東大・一橋大・大阪大に合格
医学部医学科６名合格

国公立大	一貫生 24名（全体　54名）
早慶上理	一貫生 33名（全体　92名）
医歯薬看護	一貫生 33名（全体　66名）
G-MARCH	一貫生 65名（全体 222名）

■ 部活実績

● 陸上競技部
学校総合体育大会埼玉県大会800m第2位・関東大会及び全国大会出場

● ダンス部
USA Regional Competitions2014埼玉大会総合2位・全国大会出場

● 吹奏楽部
第20回日本管楽合奏コンテスト中学校Aの部最優秀賞

● 合唱部
全日本ジュニアクラシック音楽コンクール中学生の部声楽部門ソプラノ第4位

クラス概要

「グローバルエリート（GE）クラス」

東大をはじめとする最難関大学への合格を目指すことはもちろん、「世界のリーダーを育てたい」という開校以来の理念を実現するクラスです。


「グローバルスタンダード（GS）クラス」

難関大学合格を目指すと同時に、世界を舞台に幅広く活躍できる人材を育成する、従来の「世界標準」のクラスです。

学校説明会 入試問題解説会

11月28日（土）10:00～12:00

12月12日（土）10:00～12:00

小学4・5年生対象説明会

12月20日（日）10:00～12:00

予約不要・スクールバス有り
詳しくはホームページをご覧ください。

平成28年度 募集要項

	第1回		第2回		第3回	第4回
試験日	1月10日(日)		1月11日(月)		1月15日(金)	2月4日(木)
	午前	午後	午前	午後	午前	午前
入試種別	総合選抜入試 得点によりグローバルエリート(GE)・グローバルスタンダード(GS)、それぞれの合格者を決定します。					
募集定員	160名(グローバルエリート64名・グローバルスタンダード96名)					
試験科目	4科	2科・4科	4科	4科	4科	4科

※2科(国語・算数)、4科(国語・算数・社会・理科)

春日部共栄中学校

〒344−0037 埼玉県春日部市上大増新田213 ☎048−737−7611
東武伊勢崎線春日部駅西口からスクールバス（無料）で7分
http//www.k-kyoei.ed.jp

これでバッチリ!

入試直前 最後の総まとめ

11月以降となると、いよいよ本格的な受験シーズンの到来を実感するころでしょう。
残された期間が気になるかもしれませんが、けっして焦ることはありません。
受験生も、そして保護者のみなさまも、やるべきこと、できることが数多くあります。
ここでは、そのポイントをお伝えします。

中学受験成功は志望校決定から

悔いのない中学受験のために

中学受験において非常に大切なことのひとつが適切な志望校選びです。あまりに当然なことなので、ともすれば軽視しがちな面もありますが、受験する学校をどう選ぶかは、中学受験の成否に直結する重要な要素といえます。

もちろん、受験生ご本人が、「絶対に、この学校に入りたい」と明確に志望校が決定している場合もあるでしょう。しかし、その場合でも一般的に受験するのは1校ではなく、併願校も含めて複数校の受験となることと思います。

したがって、志望校選択においては、第1志望校だけでなく、同時に受験する併願校についても慎重な選択が必要なのです。

入試日程や難易度などを考慮する

これまでも各ご家庭において、どの学校を受験するか、どの学校に行きたいのか、といったお話はでていただろうと思います。これからの時期においては、たんなる「希望校」から、「具体的に受験する学校」を選定することになります。

具体的に受験するということは、言いかえると、「合格したら入学する学校」ということです。まだ小学生である受験生のみなさんが、最後までがんばりとおすためには、受験の結果、自身がどうなっていくかをイメージできるかどうかが大切になります。受験校を早めに定め、その学校で中高生活を送ることを想定できれば、それが合格への原動力ともなります。

学校を選ぶにあたっては、これまで学校説明会などをつうじて得た情報も参考にしながら、ご本人ともよく話しあって決定していくようにしましょう。その際、それぞれの学校の入学試験日程、難易度なども考慮していくことが必要です。受験したい学校が複数あったとしても、同一試験日であれば受験は不可能ですし、過去のデータから判断して、あまりに実力差がある学校ばかりを選択することは得策とはいえません。

偏差値に惑わされないようにする

学校選びにおいて、多くの人が指標とするのが「偏差値」です。一定のデータをもとに分析されて数値化された偏差値ですが、これはあくまで入試における難易度を便宜的に数値で表したものにすぎず、けっして学校の評価を数値化したものではありません。

ですから、偏差値だけ比べて、学校を比較したり、少しでも偏差値の高い学校を選ぶことにこだわっても意味がありません。むしろ、校風や雰囲気、学校行事、部活動、伝統、将来への展望など、多様な側面から学校を判断して、向いているかどうか、その学校で勉強したいか考えてみるようにしましょう。

大学合格実績の見方に注意

学校選びの要素として、とくに大学附属校ではない中高一貫の進学校の場合、大学合格実績が気になるのではないでしょうか。中高6年間のあと、どのような進路が開けてくるかにつながることから重視されるのは当然といえます。

まず注意していただきたいのは、現在公開されている数値は、6年前に入学した生徒たちの実績であるということです。この数年間においても学校内容が大きく変容している場合もあります。また、文部科学省が近々、高大連携に基づく大学入試制度の大幅改革も予定しています。

このような変化に対応する制度や教育内容の整備を進めている学校もありますので、そうした点も考慮していきたいものです。

また、学校によっては、合格実績ではなく、実進学者数で発表している場合もあります。大学への実進学者数の場合、ひとりで1大学・学部のみですので、当然に合格者数で発表される場合より数値は少なくなります。そして、合格者数だけではなく、1学年の在籍者数も考慮してみましょう。合格者数が少なくても定員の少ない小規模校の場合には、合格率で見ると、非常に高いということもあります。

さらには、現役進学率を気にされるかたも多いのですが、単純に現役進学率が高い方がよいとも言い切れない場合もあります。つまり、現役時に合格大学があったとしても、より高い志望を実現するため、あえて進学せず、翌年、難関校にチャレンジする生徒が多いという学校の場合、どうしても現役進学率は低くなりがちだからです。

また、最近とくに人気の高い医学部医学科の合格実績を見る場合には、その内訳も詳しく分析する必要があります。国立大医学部合格者のなかには私立大学医学部に同時に合格している事例も多く、その両者が合格者数としてカウントされているからです。

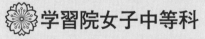

入学した学校が「第1志望校」

こうして選択した学校を受験するわけですが、残念ながら受験校とご

入試直前だからできることは多い

縁がない結果となる場合もあるでしょう。たとえば受験倍率が2倍であるとするなら、受験者の半数は入学できない計算になります。

そして、併願校で合格を勝ち得ることができた学校に進学することになった場合、考え方として、その学校が「第1志望」であったととらえていきたいものです。

中学受験における最大のメリットは、多くの選択肢のなかから学校を選び取ることができる点にあります。さまざまな要素を考慮して選んだ志望校です。それぞれ異なった教育方針のもと、個性的な教育活動を展開している学校が多くあります。

併願校として受験した学校で、入学することになった場合には、その学校が第1志望校であったと考えて進学していくことが、より充実した中高6年間を送ることにつながっていきます。

受験生らしさがでてくる時期

中学入試の日程が近づくにつれて、お子さんたちにも変化が表れてきます。これまでは、どちらかというとのんびりしていた小学生だったのが、少しずつ受験生としての自覚が芽生えてきます。

個人差はあるものの、それぞれ中学受験にのぞむという気持ちが現実化してきて「受験でがんばろう」と勉強にも前向きの姿勢で取り組むようになってきます。

こうした自覚が自然に生まれてくることも中学受験を志したメリットのひとつといえるでしょう。もし、受験を考えなかったなら、こうした積極的に勉強に取り組もうという気持ちが自然にでてくることは、なかなか困難ではないかと思います。

これは勉強だけではなく、ものごと全般にわたって積極的に取り組もうとする姿勢にもつながります。受験という厳しい現実に直面しつつも、貴重な経験をしているといえます。

「あと○○日」のカウントダウン

入学試験が近づくにつれ、進学塾などでは、「入試まで、あと○○日」と掲示されることがよくあります。1日ごとに数字が減っていくのですが、このカウントダウンに焦る必要はありません。

時間の経過とともに数字が減っていくのは当然ですが、この「○○日」のとらえ方として、「もう○○日しかない」と考えるのではなく、「あと○○日もある」とプラス思考でとらえるように、お子さんにアドバイスしてあげていただきたいものです。

入試までの日数が少なくなったとしても、それぞれの時点においてやるべきことがあります。そして、どの時点においても、合格のために役立つことはあります。焦ることなく、淡々と日々を過ごすことが大切です。

そのためには、まず保護者の方が残された日数で焦らないようにすることが重要です。入試の日が近づくにつれて種々の不安が押し寄せるのは、だれにもあることです。心配だけしていても活路は開けません。いま、できることはなにか、そこを明確に着実な努力を積み重ねていきましょう。

学習は時間ではなく効率が大事

入試が近づくにつれ、受験生も真剣になってきます。寸暇を惜しんで机に向かい、学習時間も長くなっていくことと思います。そして、どうしても夜遅くまでの勉強の日々がつづくのではないでしょうか。

そうした状況になったとき、睡眠時間をじゅうぶんに確保できているかどうか、体力的に無理がないかどうか、ご家庭で温かく見守ってあげていただきたいと思います。

受験生としての自覚が生まれてきたお子さんたちは、がんばろうとして、どうしても無理をしがちになります。無理がたたって体調を崩すようなことがあると、元に戻るのに時間がかかってしまい焦りの原因ともなりかねません。あまり無理をしないよう、じょうずにコーチしていくことが保護者の重要な役割です。大事なことは、学習時間の長さではなく、学習の密度であり効率です。かぎられた時間のなかで、どれだけ効果的に勉強を進めることができるかが課題となります。

入試直前期においては、これから新しい知識を獲得するというインプットより、すでに学習した事項を必要に応じて使っていくというアウトプットに重きをおいた学習に力を入れた方が結果につながります。

短い時間でもいいので、集中して取り組み、密度の高い学習によって、実際の入試で得点できる力を培っていくようにしましょう。

プレッシャーも伸びる力に

受験は、その性質上、どうしても「合格」・「不合格」という厳しい現実に直面せざるをえません。だれもが合格したいと願って努力しています。

そして、「自分は合格できるだろうか…」と不安に思うのは、全受験生に共通したことです。

そうした不安は、受験生への有形・無形のプレッシャーとなってきます。そして、それは試験日が近づくにつれて、より大きなものになっていきます。

受験勉強は、これだけやったからじゅうぶんと判断できるものではなく、むしろ真剣に勉強すればするほど不安にもなり、プレッシャーも大きくなるものかもしれません。

まだ小学校6年生のお子さまが、そうしたプレッシャーを感じているのを近くでご覧になる保護者のかたにとって、いたたまれない気持ちになるかもしれません。

ですが、その不安を支えるのが周囲のおとなの重要な役割です。だれもが不安になっていることを伝え、「真剣に勉強してきたから心配になるのよ」と励ましてあげてください。

そうしたプレッシャーに対しても、逃げることなく真正面から向きあうことで、学力を伸ばす力に変えていくことができます。

体調管理を万全に

家族のみなさまにとって、最も重要なことは、受験生本人と全家族の体調をベストに保っていくことです。受験直前期は寒さの厳しい冬ということもあり、風邪やインフルエンザなどに感染しやすい時期でもあります。受験生が健康を保つとともに、ご家族のみなさまも風邪をひいたりしないように留意してください。

とくにインフルエンザは予防が第一ですので、インフルエンザの予防注射は、ご家族全員が受けておくようにしましょう。

また、風邪の予防には帰宅時における手洗い、うがいを励行することが有効です。家族全員の習慣にしていきたいものです（病気の予防については62ページからの特集をご参照ください）。

さらに、意外に忘れやすいのが、歯の健康です。虫歯だけは放置しておいても自然治癒することはありえません。いま、とくに異常がないように思えても、もし虫歯があって入試の直前に痛みだしたりすると、大きな負担になってしまいます。なるべく早めに時間をみつけ、歯科クリニックを訪れ、検診を受けておくと安心です。その際、入試日程も歯科医師の先生にお伝えし、適切な治療をお願いするようにしましょう。

スケジュールは家族全員で把握できるように

中学受験は併願校を含めると入試機会として少なくとも3回、平均では4～5回の受験をすることになります。そのそれぞれについて出願日、出願方法、事前面接がある学校もあります。

そうしたさまざまな日程を含め、スケジュール的にも錯綜してきがちです。入試日のつきそい、合格発表、入学手続きなど、細かなことも組みこんだ一覧表を作成しておくと便利です。

いわば「合格力レンダー」を用意しておき、家族全員で日程を共有するようにしましょう（「合格力レンダー」については、79ページ参照）。

直前の「入試問題説明会」の活用

入試のシミュレーションができる

近年、12月から1月にかけての入試直前期に、多くの学校で「入試問題説明会」が実施されるようになりました。これは、各校の前年度入試問題を教材として、出題のポイントや注意事項について、受験の参考となる内容を具体的な問題にそって解説されるものです。

多くの入試問題説明会では、実際に入試が行われる教室で、入試と同じ制限時間内で問題を解く機会を設けています。受験する学校で問題を解くのは、模擬試験とはまたちがった臨場感を味わうことができ、入学試験のシミュレーションとして有益です。

入試会場である学校までの交通手段・所要時間も「入試説明会」をつうじて実際に経験できるので、入学試験の際にも落ちついて試験場に向かうことができるでしょう。

出題者の解説を聞くことができる

そして、問題を解いた直後に、それを出題した学校の先生から問題内容について詳しく解説を聞くことができます。なぜ、その問題がだされたのか、どのようなところでまちがえた答案が多かったのかなどについても説明がなされます。

また、およその合格基準についても説明があり、実際の合格レベルを理解することができます。

受験生が陥りやすい失点部分や、ミスをしない方法、記述型解答における答えの書き方、完全な解答でなかったとしても部分点がどのように与えられるかなど、具体的な問題について受験する学校の先生が解説してくれるのは、よい答案を作成するにあたっておおいに参考になることでしょう。

同時に、もし入学した場合に、どんな先生が教えてくれるのかを実際に解説授業を受けることで体験できることもメリットです。それが、「合格しよう！」というモチベーションとしてプラスに働いたという受験生も数多くいます。

もし受験を検討している学校で、この直前「入試問題説明会」が開催されるようなら、なにかと忙しい時期ではあるのですが、時間をやりくりして、ぜひ参加してみることをおすすめします。

保護者にとっても意味がある

この直前「入試問題説明会」は、つきそいの保護者にとっても意味のある学校訪問の機会です。志望校を最終的にしぼりこめていなかったり、迷っているような場合に、その有力な判断材料となります。

受験生が問題を解いたり解説授業を受けている間を利用して、保護者に対しては学校説明がなされます。まだじゅうぶんに情報収集がされていなかったような場合には、この機会に学校内容を確認しておきましょう。

そして、学校への交通手段の最終確認を実際にできるのもメリットです。所要時間や最寄り駅からの経路も含めて確認しておくといいでしょう。

さらに、学校によっては、その学校の校舎以外の施設を利用して入学試験を実施することがあります。寮施設のある学校の首都圏入試などの場合には、その会場確認もしておくようにしましょう。

こうした別会場入試では、試験中に保護者が待機できる場所が用意されていなかったり、あっても入りきれないこともあります。会場付近の待機できる場所を、下見をつうじて探しておくといいでしょう。

合格発表後の手続きについて

また、合格発表後、入学手続きを迅速にしなければならない学校もあります。発表当日、もしくはつぎの日までに指定の費用を納入して入学手続きをすませなければならない場合もあります。

そうしたとき、学校の近くに金融機関があるかどうか、コンビニエンスストアなどのATM機が利用できるのかどうか、設置されていても、預金引き出しのみの機能で振り込みができない場合もあります。そして、現金では10万円までしかATMでは振り込みできません。

それぞれの学校の手続きにおいて、費用納入が銀行振り込み指定であるか、現金で学校窓口に納入するのかなどについても、事前にきちんと確かめておくとなおいいでしょう。

合格発表の日程は、複数校を受験した場合、近接していることが多く、その場になってあわててしまいがちです。前述した「合格カレンダー」などで、きちんと整理しておくようにしましょう。

出願にあたっての注意事項

なるべく早めに願書は入手

志望校の選定を進めることに並行して、受験の可能性があると思われる学校については、入学願書を早めに入手することをおすすめします。

出願ぎりぎりになってしまうと、願書入手のために動くことが負担になる場合もありますし、思わぬミスを誘発する原因ともなりかねません。

学校説明会や各種学校行事などで学校を訪れた際に願書を手に入れておくのもよい方法です。また、各校のホームページでは願書の配付方法について掲載していますので、参照してください。

なお、注意していただきたいのは、お手元にすでに願書があったとしても、それが当該受験年度の願書であるかどうか確認してみることです。早い時期の学校説明会に参加したときに配付される資料に含まれているのは、まだ新年度願書が完成しておらず参考のために前年度使用の願書が入っている場合もあります。

誤って前年の願書を使用してしまい出願窓口で書き直さなければいけなかったという人もいます。願書の冒頭にある年度表記も学校によって異なったりしますので、注意するようにしましょう。

願書は保護者が記入する

中学受験の場合、入学願書は保護者が記入することを原則として作成されています。実際、ほとんどの場合、保護者が願書を記入しています。

願書の記入時期ですが、少なくとも出願の1～2週間前には記入を終えておくことが望ましいといえます。そして、可能であれば、記入した願書のコピーをとっておくといいでしょう。家庭用プリンタにもコピー機能がついていることが多いので、記入した願書をコピーしておきましょう。

他校の願書であっても、すでに記入済みのものがあれば、つぎの願書を記入するときの参考になります。

年が明けた1月中から入学試験が開始する学校の場合には、なるべく年末のあわただしい時期より前に記入を終えておくようにしたいものです。

願書に記入するにあたって文字の巧拙を気にされるかたがいますが、まったく合否には関係がありませんから、正確かつていねいに記入することだけ考えてください。

添付書類などをもれなく準備

ほとんどの場合、願書には受験生の顔写真の貼付が必要です。サイズ的には各校とも、ほぼ同一ですので、前もって受験校数より少し多い枚数の写真を用意しておきましょう。なお、試験中にメガネを使用する場合にはメガネ着用の写真が望ましいといえます。試験中に願書写真で本人確認がなされるからです。

また、小学校の通知票コピーの添付を要求される学校が多くなっています。2学期末に通知票を小学校からもらってきたら、すぐにコピーしておくようにしましょう。

加えて、在籍小学校からの調査書を必要とする場合には、日程的にゆとりをもって小学校の担任の先生に調査書発行をお願いしておくようにしてください。学年末、卒業をひかえてなにかと学校も多忙な時期ですので、早めにお願いしておきましょう。

さらに健康診断書が必要かどうかなど、出願にあたっての添付書類について確認しておいてください。

そして、受験料の納入方法も念のため確かめておきましょう。窓口での現金納入、銀行からの振り込みなど学校によって異なります。

インターネット出願の注意

さらに、近年、少しずつ増えてきているのが、インターネット出願です。大学受験ではめずらしくなくなっていますので、今後、中学受験でも普及してくるのではないかと予想されています。

極端なことをいえば、入試前日の夜でも出願できる可能性もあり、ぎりぎりまで検討したり、急遽、受験することができる便利さもあります。

ただし、ネット出願の場合には受験料払い込み方法がクレジットカード決済となることが多いので、使用可能なカードを保有しているかどうかの確認は事前にしておきたいものです。

また、万が一、ご家庭のパソコンやネット環境に不調が生じた場合にどうするかも考えておくべきです。トラブルは予期せぬときに起きやすく、いつもはなんでもなかったルーターが出願しようとしたときに突然故障してしまい、ネットに接続できなくなって困ったというかたもおられました。パソコンまわりのトラブルが起きた場合にどうするかを考えておくことはムダではありません。とくに入試前夜に出願というようなときには、代替手段を講じておけばあわてずにすむでしょう。

各種出願資料の保管

こうした出願書類は、保管場所を決めておき、学校ごとにクリアファイルなどに収納し、外から見て内容がすぐにわかるように保管しておきましょう。意外なときに必要となったり、確認したい事項がある場合などにあわてずにすみます。

同様に、出願後に発行された受験票も学校ごとに、わかる場所に保管しておきましょう。入試当日の朝、「受験票はどこだろう」と探しまわることがないようにしてください。

また、受験校への交通経路が複雑であったり、乗り換えが多く、その経路に慣れていないような場合には、ネット上のソフトなどで経路を検索し、その結果をプリントアウトして学校ごとのファイルに挿入しておき、入試当日にそれを持参して参照すれば迷わずにすみます。

願書記入についての詳細と注意事項については、46ページから詳しく説明してありますので参照してください。

入試直前期・試験期間の過ごし方

朝型への移行は無理せずに

入学試験は、午後入試のような例外を除き原則として朝から実施されます。人間の脳は眠りから目覚めたあと、すぐには完全に機能せず、一定時間の経過を待たなければならない仕組みであることは広く知られています。

したがって、頭脳を使う入学試験においても、試験開始時刻から脳が完全に働くように、生活パターンを日ごろから「朝型」に移行しておく必要性が強調されます。

受験勉強は、どうしても「夜型」に偏りやすく、熱心なお子さんほど、夜遅くまで勉強をがんばることが一般的だろうと思います。

人間の身体はすぐに新しい環境や生活パターンに対応できない面がありますので、一定の期間をかけて徐々に身体を「朝型」に移行していくようにしなければなりません。

個人差はあるものの、できれば1カ月ほどかけて少しずつ起床時刻を早めていくようにしましょう。時刻的に早く起きることが目的ではなく、身体と脳が目覚めることが大切ですので、あまり無理をしないようにしてください。

脳が目覚めたことを実感できるように、起床後、窓を開けて朝日を身体に浴びたり、外気を取り入れるようにするのも効果的な方法のひとつです。

また、ほんとうに短い時間でもいいので、早起きしたら短時間で可能な漢字練習や計算問題を解くなど、頭を働かせる習慣も身につけていきましょう。前夜に学習した社会や理科の暗記事項の復習などでもいいでしょう。

「朝型」への移行とはいっても、育ちざかりのお子さんですので、睡眠時間は確実に確保することは重要です。脳内に睡眠誘発物質が生成されて、起きたあとでも眠気が残ってしまうようでは逆効果となってしまいます。そのためには、就寝時間を早めて睡眠時間をしっかりと確保するようにしてください。

早く床につくことによって、夜の学習時間が減少することが気になるかもしれませんが、そのことはあまり心配はいりません。これまで、すでにじゅうぶんに勉強してきているのですから、この時期に勉強時間、学習量を気にしても意味はないからです。脳のコンディションを万全のものとするための「朝型」移行を成功させることで、持てる力を存分に発揮できるようになるはずです。

家族全員のサポート体制で

試験が近づくと、受験生は精神的に平衡を失い、不安になりがちです。これまでがんばってきたからこそ不安になるのです。また、ちょっとしたことに過度に反応するようなナーバスな側面を見せることがよくあります。小学校6年生の児童が、合否という厳しい現実をともなう入学試験にチャレンジするわけですから、不安や心配がうずまいて当然でしょう。

むしろ、そうした経験ができることが中学受験のもつ大きな教育的効果でもあり、それを経験することでひとまわり成長できるともいえます。

そうした受験生特有の心理を周囲のご家族は理解してあげ、陰に陽に心のケアとサポートをお願いしたいと思います。

なるべく家族がそろって食事をしたり、短時間でもいいのでだんらんの時間をもつなど、受験生のお子さんを家族全員で支える態勢で直前・試験期を過ごしていくことがよい結果につながります。

チームプレーで入試を乗りきる

家族で入試にのぞむとはいっても、お仕事などで時間的に厳しいことも多いだろうと思います。なかなか受験にかかわることがむずかしいような場合でも、可能な範囲で中学受験にともに参加する姿をお子さんに見せてあげることは、なによりの激励となります。

学校の下見、交通手段の検討、日程表の作成、合格発表の確認方法、パソコンを活用しての情報収集など、それぞれ得意な分野で受験生のお子さんを支えられる場面は数多くあります。

そうしたご家族の姿を見たお子さんは「みんなが応援してくれている」、そう実感することができ、さらにがんばることができます。

ご家族も合否が気になるのは当然です。でも、合否より大切なものがあるはずです。中学受験を経験する意味として、

家族全員がチームプレーを心がけ、一体感を現実に感じられる絶好の機会です。ことに、弟さんや妹さんがいる場合には、そのお子さんたちにも、たいへん貴重な経験となることでしょう。

入試の前日そして当日は

平常心で前日を過ごす

入学試験の前日、それも最初の受験校入試日の前日は、お子さんも平常心ではいられない緊張感があるだろうと思います。

だからこそ、いつもと同じ生活パターンを繰り返すようにしましょう。前日だからといって、学校を休んだりすることは、あまり得策ではありません。「いよいよ明日、入試」というだけで、これまでやってきたことを存分に発揮するだけです。

塾に通っている場合は、塾の先生に会いたいというお子さんも少なくありません。授業はなくてもこれまで教えていただいた先生の顔を見るだけで落ちついたり、先生からアドバイスや激励をいただくことで平常心を取り戻すこともあるので、お子さんが望む場合は、塾に行ってくるのもいいでしょう。

そして、翌日の持ちものを確認し、早めに就寝するようにしましょう。気持ちが高ぶっていますので、なかなか寝つけないかもしれませんが、床に入っているうちに眠りにつくでしょう。

当日は時間にゆとりをもって

入試当日は、時間にゆとりをもって家をでるようにしましょう。とくに試験期には大雪となる場合もあるので、交通機関の運行状況を確認してください。

万が一、公共交通機関が止まっているような場合には、入試開始時刻の変更などがなされます。公共交通機関を利用していれば、そうした情報も駅や車内で入手することができます。

この日のために努力してきました。持てる力を100%発揮してくれることを信じて、受験場にお子さんを送りだしてください。

合格発表にあたって

近年はインターネットによる入試当日の合格発表が多くなりました。受験した当日に合否が判明し、学校まで行かなくても自宅で合否を知ることができるのは便利です。

反面、受験生に酷な面もあります。残念ながら思わしくない結果となったとしても、その瞬間から翌日以降の入試に頭を切り換えて、気を取り直してがんばっていくように声をかけてあげてください。

第1志望校と縁がなかったとしても、ほかの合格校があるなら、その学校が実際の第1志望校です。新たなスタートを切ることに意味があり、中学受験は結果より過程が大切であるといわれるのはそのためです。

なお、みなさんの合否結果を進学塾の先生がたは気をもみながら心配しています。結果がどうあれ、塾への連絡も忘れないようにしたいものです。入学試験の結果は、さまざまなかたちで表れると思います。思わぬ状況となることもあるかもしれません。たとえ、どんな結果であったとしても、受験に向けて努力してきた事実は変わりません。たとえ、思うような結果でなかったとしても、お子さんが全力を尽くしたことを評価してあげていただきたいと思います。その努力は、真の称賛に値するものだからです。

前途あるお子さんの輝かしい未来を応援してあげていただきたいと思います。

平成28年度入試
医学クラス新設

君たちは一輪一輪の花である。

栄光繚乱

New Beginning!

Junior High School　*Senior High School*

SAKAE
2016

学校説明会　予約不要

12 / 5（土）10:40～
12 / 25（金）10:40～

入試問題学習会　要予約

■ 入試リハーサルテスト
11 / 21（土）10:00～

■ 入試問題分析会
12 / 12（土）10:00～

入試日程・概要

1 / 10（日）
午前　進学クラス1回　30名
午後　医学クラスⅠ　10名
　　　難関大クラスⅠ　15名

1 / 11（月）
午前　医学クラスⅡ　5名
　　　難関大クラスⅡ　15名
午後　進学クラス2回　20名

1 / 13（水）
午前　進学クラス3回　10名

1 / 14（木）
午前　進学クラス4回　10名

2 / 4（木）
午後　医学クラスⅢ　5名

埼玉栄中学校

〒331-0047 埼玉県さいたま市西区指扇3838番地
TEL:048-621-2121　FAX:048-621-2123
JR西大宮駅より徒歩3分

整理しよう!

最後に差がつく勉強法

入試本番に向け、残された時間は少なくなってきましたが、まだできることはあります。「時間がない」とあわてる前に、落ちついて最後にできることを整理し、できるかぎりのことをやりきってその日を迎えましょう。

「見える化」で冷静に

この時期になると、「直前期」「ラストスパート」という言葉に焦りを覚えてしまっても仕方がありません。しかし、まずは自分の持ち時間がどれぐらいあるかを「見える化」してみましょう。スケジュール帳やカレンダーを使って、ひと目でわかるようにすると、冷静に残り期間でできることが見えてきます。

一例として、1週間型のスケジュール帳を用意します。睡眠時間、学校の時間など、受験勉強に使えない時間をグレーなどで消し、塾の授業など決まっている時間を書きこむと、残ったところが使える時間ということになります。そこを好きな色で塗っておくと、持ち時間がひと目でわかるので、計画を立てたりする際のベースになります。

「あれもこれも」ではなく学習内容をしぼりこむ

大切なことは、直前期だからといって、なにか特別な学習をする必要はないということです。最後だからと時間をかけすぎてしまうのもよくありません。気持ちが焦って雑な学習にならないように心がけましょう。

そのためにも、ただ漠然とテキストや参考書などを眺めているだけという視覚頼みにならないよう、しっかりと手を動かしたり声にだしたりしながらの学習がいいでしょう。

そのとき、意識してほしいのは、「これが最後の機会」という気持ちで学習することです。焦ることはないとお伝えしましたが、とはいえ、「あとで復習しよう」の「あと」は、もうやってこない時期です。ですから、そのことは忘れずに学習にのぞみましょう。

また、模擬試験や過去問の結果を見ると、苦手なところがどうしても目について、「あれもこれもやらなければ」という気持ちになりがちです。しかし、これからの時期は、やるべきことを新たに足していくのではなく、これはもうやらない、という決断をするタイミングです。「引き算」の考えで、「これだけはやる」ということを決めていきましょう。

学習の「習慣化」で停滞を回避する

受験生の多くが経験したことがあると思いますが、とくになにもしないまま、気がつくとその日が終わっていたということはありませんか?

　残りの持ち時間のなかで、停滞してしまうのは避けたいところです。その大きな原因は、「なにをすればよいのか考えているうちに時間が経ってしまうこと」、そして、「気持ちが乗らないままなんとなく学習を進めてしまうこと」にあります。

　そうならないために、1日の学習を始める時間と、内容をある程度固定することをおすすめします。ポイントは、得意教科、単純なもの、短時間（15分～20分程度）、手作業を多くともなう学習、です。算数好きなら計算や一行問題、国語なら漢字などの知識問題、社会や理科なら写真を見て名称を答えるような問題などが最適です。

　これが習慣化されてくると、歯を磨かないと気持ち悪いと思うのと同じように、たとえば朝起きて「計算問題を解かないとすっきりしない」という感覚になってきます。1日の最初を、やりやすい作業から始め、脳を活性化させることで「なにもしないまま終わってしまう」のを防ぎましょう。

「スキマ時間」を有効活用

　持ち時間を有効活用する方法のひとつが、スキマ時間の活用です。一つひとつは短い時間でも、そこで集中して取り組めば、積み重ねが効いてきます。起床してから学校に行くまでの時間、学校から帰ってきて塾に行くまでの時間、ごはんを食べてからお風呂に入るまでの時間、などの「スキマ時間」を探してみましょう。15分も10回積み重ねれば150分になります。

　スキマ時間を有効活用するコツは、教材がすぐ取りだせるところにあること、あらかじめなにをするかが決まっていること、分量をよくばらないことです。

【国語】

全体像と文章の流れを把握する

　論説文、物語文ともに、全体像をとらえることを習慣づけておきましょう。

　論説文では、結論を導きだすまでの流れに注意を払って読むのがポイント。また、物語文では、登場人物、（とくに主人公）の心情の変化が描かれています。物語文を読んだあとは、だれをめぐって、なにが起こって、登場人物（主人公）の気持ちがどのように変化したか、ということを書きだしておくと解きやすくなります。

丸暗記で終わらない

　漢字や語句の問題は、暗記ものではありますが、この時期だからこそ、ただの丸暗記ではなく、ひと手間をかけてみましょう。まちがえた問題を、解答を見てただ何回か書くだけで終わりにしてしまうだけでは、読めない・書けない漢字などは、意味がわからず言葉として使えていないままになってしまいます。

　慣用句やことわざも同様です。意味を理解して、その言葉を使った例文をつくる、慣用句やことわざなら、具体例をあげたり、ひと言にまとめたりするといいでしょう。きちんと「使える」言葉が増えると、記述力の向上にもつながり、一石二鳥です。

これまでしてきたことをしっかりと確認する

　これから新しい問題集を買うなど、なにか新しいことを始めるのはおすすめしません。自分がこれまでに習ってきたことや教わってきたことを、教わりっぱなしで新しいことをする前に、それらが「使える」ようになっているかを確認していくことが大切です。とくに、自力でできるかどうかを重視しましょう。

たとえば、逆接の接続詞のうしろにある主張を読み取れているか、「つまり」「要するに」のあとにくる、さきに述べたことを抽象化した内容を把握できているかなど、授業で教わってきたことが身についているかどうかをしっかりと確認していくべきです。そのためには頭のなかだけでなく、考えの過程をきちんと書き残して確認すると効果的です。

【算数】

ミスを減らすちょっとした工夫

ミスをゼロにすることはとてもむずかしいですが、ミスを減らす工夫をするかしないかでは大きなちがいがでてきます。算数では、問題文の読みちがいと計算まちがいが、ミスの代表例です。問題文の読みちがいに対しては、「音読する（入試ではもちろん小声で）」「細切れに読む」ことが効果的です。問題文を細かく区切りながら読んでみましょう。

そして、そこからなにが読み取れるのかを確認し（ときには図や表に書きだし）、読み取った情報を整理します。塾の先生にチェックしてもらうのがいちばん理想的ですが、できない場合は、保護者のかたがチェックしてあげてください（まちがったときは、感情的に指摘するのではなく、ちがっているポイントを、そっとしめしてあげる程度にしましょう）。

計算のまちがいについては、これがめだつ人は、途中式の書き方にももう一度注意してみてください。余白にばらばらに書くのではなく、縦に整理して書いていますか？

苦手分野に気をとられすぎないように

入試は満点でなければいけないわけではありません。当然のようで、意外に忘れてしまいがちなことです。過去問演習などで、どうしても解けないところにばかり目がいきがちです。しかし、これでは非効率どころか、自信をなくしてしまうことにもつながります。

冬休み以降は、取れるものをきちんと取ればそれでいい、というおおらかなぐらいの気持ちでいましょう。

たとえば、立体図形（とくに切断や回転）・規則性などの分野では、どうしても上達しないことがあります。できない場合に、そこに貴重な時間と労力をつぎこむよりは、思いきってそれらを捨て、自分の得意な問題に注力し、確実に得点力をつけていきましょう。

【社会】

知識は「まとまり」が大切

知っていれば答えられる単純な問題もあるのが社会の入試問題ですが、それぞれのことがらの関連性を問われる問題も数多く出題されます。数をこなそうとして一問一答式の問題ばかりに頼りすぎると、そうした問題でつまずいてしまいます。

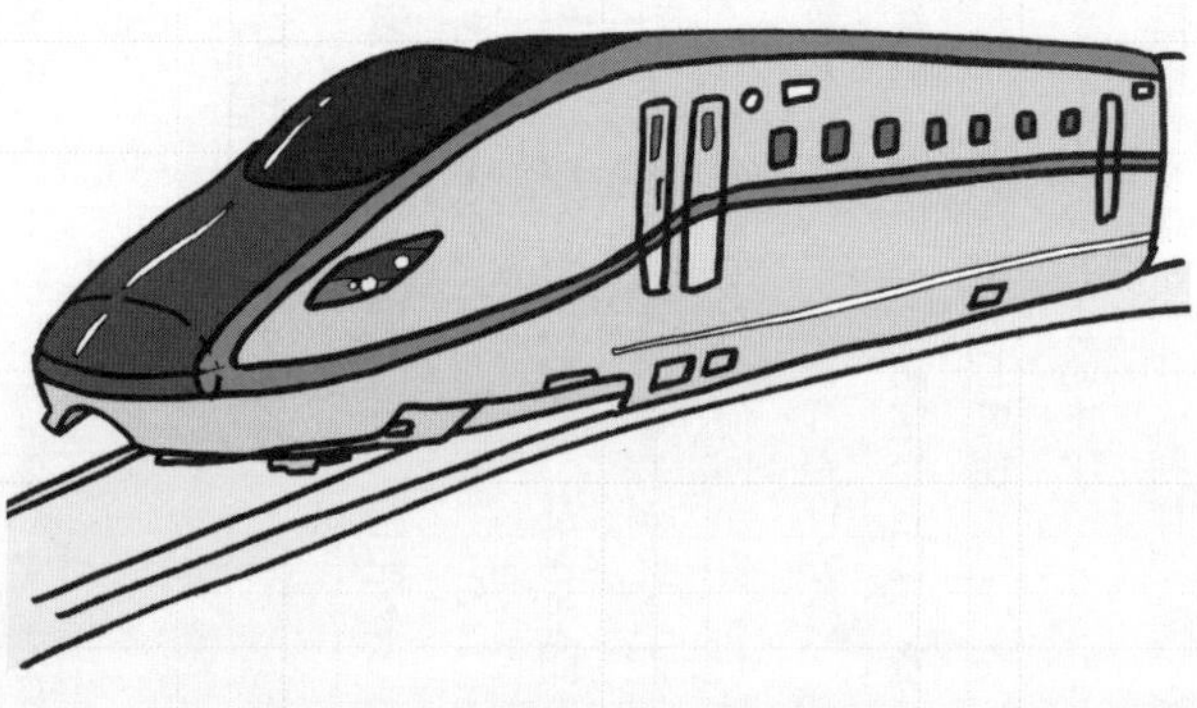

知識は「まとまり」をつくって覚えるのが大切になってきます。

地理分野では、地形や気候と産業や暮らしのつながりを白地図にまとめる、歴史分野では、時代背景・原因→きっかけ→できごと→影響というストーリーをまとめる、公民分野では、制度や仕組みと日常生活や時事的ことがらを結びつける、といった方法があります。

記述問題は欲張りすぎない

最近の社会科の入試問題でも、記述問題が増えています。その対策としては、欲張って書きすぎないことが第一です。無理に長く書こうとした結果、誤った内容が含まれてしまうという事態は最も避けたいところです。そして、最終的になにを答えるのかをかならず確認すること。理由なのか、影響なのか、関係なのか、問題文をていねいに読みましょう。そして、自分の書いた解答はかならず読み返し、日本語として正しいか（主述の関係に誤りがないかなど）を確認しましょう。

2015年のできごととキーワードをまとめよう

この1年間で話題になったおもなニュースに関連するキーワードを中心に、そのニュースの背景、影響などを、短い文章でまとめる練習をしましょう。

北陸新幹線、戦後70周年、日本遺産認定。ニュースとつながりを持つキーワードがあげられるだけでも、大きな力になります。

地名がでてきたら地図で場所を確認すること、意味のわからない用語を調べることも習慣づけましょう。

【理科】

「まったくできない」では厳しい

大多数の学校の理科の問題は、物理・化学・生物・地学から幅広く出題されます。「まったくできない」ほどの苦手分野があると、ほかで取り返すのはむずかしいかもしれません。

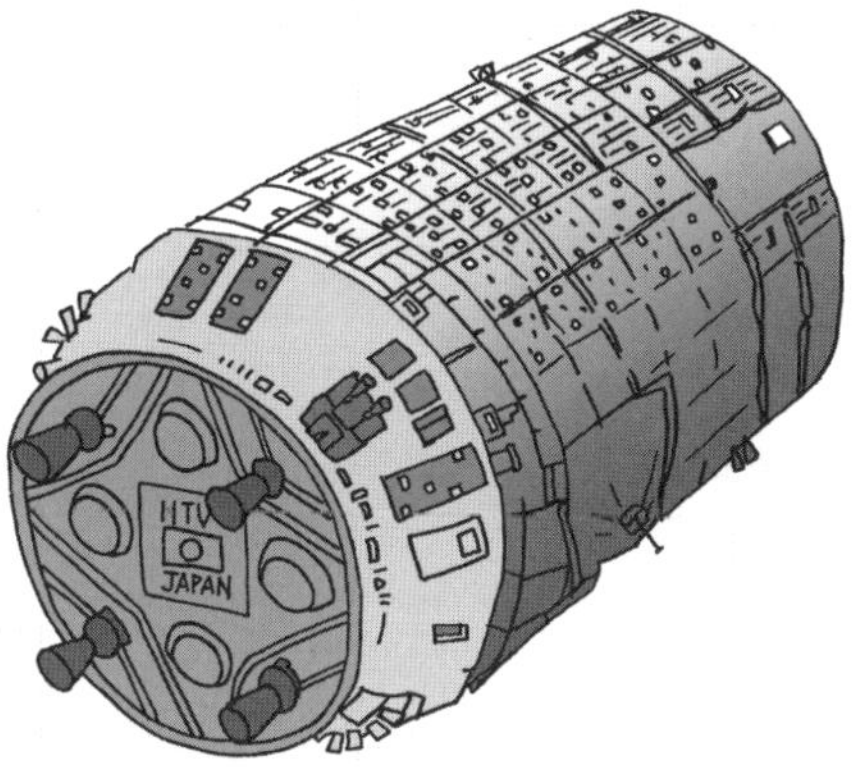

せめてそのレベルから上昇するためには、もう一度、基本的な知識を確実にすることが寛容です。あれもこれもと数を欲張らず、確実にわかっている知識を増やしていきましょう。

実験・観察の問題は定番ここで得点を

勉強が進むと、同じような内容の実験に何度もであうことでしょう。しかし、見たことのある実験であっても、その記憶だけに頼らず、実験の内容、意味についての理解を深め、確実に定着させましょう。

反対に、生物の名前など、初めて見ることがらや、まったくイチから覚えないといけないものは、いまから覚えなくてもいいでしょう。

そして時事問題対策は、できごとだけではなく、関連することがらといっしょに学習することがポイントです。自然災害や天体などにかかわるニュースはチェックしておきましょう。

あるよ！ いまからできること

公立中高一貫校受検直前対策

親子で適性検査を乗りきろう

公立中高一貫校の適性検査はおとなでも首をひねってしまうような問題が目白押しです。そんな適性検査が近づき、「いまの時期からはなにを勉強させておけばいいのか」、さらには「公立中高一貫校入試ってどうやって合否が決まるの」とその選抜方法への疑問まで、わからないことが多くて、とまどっているかたも多いでしょう。このページでは、そんなみなさんが少しでも安心できるよう、この11月から入試までの間をどう過ごしたらいいのかについて、勉強のヒントもまじえてお届けします。

親がやらなければならないふたつのこと

公立中高一貫校の受検が迫ってきたいま、保護者のみなさんが取り組まねばならないこと、それは大きく分けてふたつあります。

ひとつは受検生によりそって、過去問のデキの精査など学習面の総まとめと体調管理、もうひとつは入学願書提出の準備です。顔写真の撮影などは、まだ日程に余裕があるうちにすませておきましょう。

過去問攻略

受検校の検査の傾向を知ることが最大の攻略法

この時期に入ったら、勉強の中心は「過去問攻略」となります。同じ公立中高一貫校といっても、その適性検査問題には各校それぞれに特徴があります。

ここにいたっても、志望校にまだ迷いがあるご家庭もあるかもしれません。しかし、もう決めなければ間に合わない時期にきています。過去問に取り組むためにも志望校をしぼりこんでください。

各校における過去の適性検査問題は、それぞれのHPで公表されていますので、まずはダウンロードしてみましょう。

すでにご存知かと思いますが、東京都立の10校では、各校の問題に一定の割合で（同10校による）共同作成問題が含まれるようになりました。

各校の独自問題については、これまでの各校の過去問が参考になりますが、共同作成問題は過去問が少なく、材料に乏しいことは否めません。

直前学習のヒント

●漢字の読み書き

入試が近づいても、毎日取り組んでほしいのは、漢字の読み書きです。

私立中学校の入試のようにむずかしい漢字が現れることはなく、でてくるのは「小学校配当漢字」だけです。ただ、公立中高一貫校の適性検査では、漢字を読んだり書いたりできるだけでは不足です。その漢字の持つ意味からくる熟語がイメージできてほしいのです。「中」は大中小の意味だけでなく、「中毒」の「中」には「あたる」の意味があり、「的中」の「中」と同じ意味だと反応したいということです。また、漢字から地名や歴史的な人物、事件も浮かんでほしいです。その意味でも受験校近隣の地名は把握しておきましょう。

しかし、まずは、適性検査のうちのどの大問が、独自問題なのか、それとも共同作成問題なのかを各校のHPで確認しましょう。

そして共同作成問題のサンプルも各校HPでダウンロードできます。ただ、それぞれの学校で2問程度しか確認できませんので、10校すべてのHPから共同作成問題をピックアップすることで、その特徴も浮かんできます。

さて過去問は、ダウンロードして印刷、それをお子さまに手渡して終わりではなく保護者がまずよく見て、検討、分析しましょう。

適性検査は国語、算数、理科、社会を横断的にまとめた融合問題です。表、グラフ、写真などから読み取る内容や、問題文から条件を見抜く力も試されます。国語では出題に対して作文で解答する大問があります。過去問で「なにを答えさせようとしているのか」、その傾向や、作文の字数を確認しておきましょう。

時間がさらに進んで入試前1カ月を過ぎ、直前期に入ったら、過去問をすべてやりなおす時間はありません。

すべてを解き直そうとはせず、解答として求められているのはなにか、を考える習慣をつけましょう。

その解答を得るための条件はなにとなにかについて、親子でいっしょに考えながら、過去問に目をとおしていきましょう。

下欄に、この時期からの学習のヒントをしめしておきましたので参考にしてください。また、つぎのページからの下欄には、直前期に親が注意すべきことを時系列にまとめておきました。

脳を朝型に転換

無理することなく早く起きる習慣を

つぎに直前の時期における生活面についてお話しします。

まず大事なことは、「朝型への転換」です。

公立中高一貫校の検査は、8時半集合、9時開始という場合がほとんどです。

では、何時に起床すればよいのでしょうか。人間の脳が活発に働き始めるのは起床後3時間からと言われています。ですから、受検時には6時ごろには起床する生活を日常化できていなければなりません。

塾に通っているお子さまの場合は、身体が夜型になっていますので、いまから、徐々に早く起きる習慣を身につけていきましょう。

無理をすることはありませんが、直前になって急に朝型に切り換えようとすれば、当然無理が生じます。「いまから徐々に」を心がけましょう。

インフルエンザの予防接種も忘れてはなりません。詳しくは62ページからのコーナーであつかっていますが、卵アレルギーがあるなどの問題がなければ、ぜひ受けておきましょう。

インフルエンザの予防接種は、1〜4週間をあけて2回接種します(13歳以下の場合)。さらにその2週間後から効果がでてきますので、1回目を11月に、2回目を12月に受けるのがよいでしょう(63ページ参照)。

もちろん、お子さまだけではなくご家族も接種すべきです。入試の日、同伴すべきご両親が寝込んでしまっては、安心して試験にのぞめませんし、ご兄妹が罹患《りかん》した場合も同様です。

また、虫歯の治療などもいまのうちにすませておいた方が無難です。検査当日に歯痛で力が発揮できなか

●計算練習

計算の練習も毎日取り組んでほしいことのひとつです。

公立中高一貫校の適性検査では、単純な1行問題が出題されることは、まずありません。

社会や理科と融合させ、表やグラフから読み取った数字を割り算して、%にして比較したりもします。環境問題や農作物の地域比較などから出題されるため、大きな数字同士や、小数同士の計算も必要になってきます。これらは、過去問からひもとく方が「類題」にであうことも多いでしょう。

●作文対策

新聞記事には毎日目をとおすようにしましょう。

さらに週に1〜2回は、コラムや社説、記事を選び、字数を決めて要約したり、要旨をまとめる練習をしましょう。作文の字数は各校で異なりますので、受検校の過去問に沿って字数を選びます。字数については読点、句点も1字ですが、いちばん上のマスに読点、句点がきた場合などはどうするのかも、各校の過去問で確認しておきましょう。

った、ではお子さまが気の毒です。

親の力も最大限に

高い倍率の公立一貫校 うまくいかない場合も

さて、入学願書の提出が迫ってきました。公立中高一貫校を受検する際、大切な心がまえがあります。

とくに、公立中高一貫校受検では不合格の可能性が高いということを、ここで再確認しておきましょう。公立中高一貫校は1校しか受けられません。つまり、1校だけをめざす受検生が殺到するのです。それだけ高倍率となり、それだけ不合格の可能性も高い、というわけです。

もし、不合格で近隣の公立中学に通うことになったとしても「ここまで努力、培ってきた学力はかならず将来役に立つよ」と言える親であってほしいし、つぎの高校受験に立ち向かうお子さまであってほしいと思います。

さて、12月から1月には出願が始まります。後述しますが、受検校の願書は2部、早めに手配して熟読するようにします。内容を理解してから記入を始めましょう。また、出願期間もしっかり確認しておきます。

すでに受検を決めた学校には足を運んだことと思いますが、時間が経っているとしたら再度訪ねて、交通手段、所用時間などを再確認しましょう。

ではつぎに、公立中高一貫校の入試では、どのようにして合否が決まるのかについてお話しします。

公立中高一貫校の合否はどのように決まるか

合否を分けるのは 報告書と適性検査

公立学校の入学試験は、「入学者選抜」と呼ばれます。

公立中高一貫校の出願にあたっては、「入学願書」「報告書（調査書）」、一部の学校では「志願理由書」が必要です。これらの書類様式は都県により、また学校によって異なります。

入学者選抜の当日は、これらの書類に加えて、「適性検査」「面接」「作文」などが実施され、それぞれが点数化され、それぞれ換算されて、その総合成績の結果で合否が判定されます。これらの検査項目は学校によって異なります。

学校によって換算の仕方もちがいますが、大きな比重を占めるのが前述した「適性検査」と「報告書」です。

報告書は小学校の先生にお願いして書いていただくもので、小学校の成績が大きな要素を含んでいることがわかります。

互いに公立の学校ですから、公立小学校で、学習や行事、学校での活動に真面目に、真剣に取り組んでいた児童を取りたいというのは自然な流れでしょう。

その日までのヒント

●受検直前あと2カ月

漢字の読み書きや語句の練習はこの時期となっても、少しずつでも取り組みましょう。公立一貫校の適性検査では、その漢字を読みとるだけでなく、どう使って表現できるかをはかろうとします。毎日漢字を読んで、書いて、考えることに重点をおきましょう。

また、計算力については、資料から読みとった数字を用いて、問題解決のために計算する力をはかります。四捨五入、切り上げ、切り捨て、百分率になおす作業などを、問いに応じて、毎日の計算に取り入れましょう。

●受検直前の10日間

適性検査受検まで1週間あまりとなりました。この時期に親が心がけることの第一は子どもの体調管理です。早寝早起きを心がけ、朝の9時ごろには頭が働くようにしましょう。風邪予防にも万全を期します。

さて、これからの10日間に行える適性検査の有効な対策は、「志望校・過去問の再点検」につきます。すでに1度はやっていると思いま

ですから、ふだんの学校生活での学習態度が、前向きで真摯《しんし》であることが重要だといえます。

報告書

報告書は小学校生活を映した鏡のようなもの

報告書は、学校指定の様式に、小学校の先生に書いてもらいます。都立、県立の各校は共通です。

その内容は小学校の「学習の記録」で、おもに5～6年生の成績表を参考にして記されます。

小学校での基礎学力がしっかり身についているか、学校生活に一生懸命取り組んでいるかどうかが焦点となります。

志望校が決まったら、早めに小学校にお願いして、報告書を作成していただきましょう。

中学校側の出願書類の提出期限は12月～1月ですが、よく確認してそれまでに書いていただきます。

最近私立中学では、調査書を求めることはほぼなくなり、小学校の先生の負担は減りましたが、公立一貫校を受検する児童が非常に多くなり、先生の負担は逆に大きくなっているとも言われます。ですから、余裕を持ってお願いし、ゆっくりと書いていただく方がよいに決まっています。

報告書の様式は異なるとしてもその内容は、都県がちがってもほぼ共通です。

記入欄のおもな項目は「各教科の学習の記録」「総合的な学習の時間の記録」「特別活動の記録」「行動の記録」「出欠の記録」「総合所見」などです。

「行動の記録」などには不利になる要素は、まずありません。

入学者選抜にとって最もポイントが高く、客観的に記されるのが「各教科の学習の記録」でしょう。他の項目は、合否に大きな影響を与えることはないといっても過言ではありません。

志願理由書

志願理由書の内容は面接の資料になる

「志願理由書」の提出は、すべての公立中高一貫校で採用されているわけではなく、たとえば都立中学では**小石川中**と**白鷗高等学校附属中**の2校だけで必要です。**千代田区立九段中**では「入学を希望する理由」と「小学校のときに、力を入れて取り組んできたことで、自分が特に述べておきたいこと」を記入する「志願者カード」があります。2項目だけですから、記入欄が他校より広く設けられており、記入する前になにを書くかよく検討する必要があります。

千葉県立千葉中、**東葛飾中**の「志願理由書」は、都立中学に似た様式ですが、その他の項目に「自己アピール欄」があります。**千葉市立稲毛中**の「志願理由書」には入学願書と受験票に貼付したものと同じ写真を貼る必要がありますので、写真撮影の際に3枚用意してもらうことを忘れないようにしましょう。

さて、「志願理由書」を首都圏で採用している各校とも、志願者本人が記入することを求めています。このような書類の記入は、小学生本人にとっては初めてという場合がほとんどでしょう。ですから、ここでは親もいっしょに書くという姿勢こそが大切です。

記入する内容についても「なぜこの学校を志望するのか」について、よく家族で話しあっておきましょう。

それだけに、早めの準備が必要です。余裕をもって対応しましょう。

すが、問題文の読み取りに重点をおいて再度やっておきましょう。

●検査前日と検査当日

他のページでも詳しく述べていますので、簡単に触れますが、前日は受検票や筆記用具その他、持ちものの確認を本人にさせたうえで、親もかならず再確認しておきます。そして、遅くとも10時には床につくようにしましょう。

当日の朝は、計算問題を2～3題、もしくは、漢字の書き取りを1ページ程度やって、脳を目覚めさせます。適性検査は、多くの学校が8時半集合、9時開始ですが、再確認して、8時には学校に着くように余裕を持って家をでましょう。

保護者はいっしょに検査会場まで行きます。子どもだけで登校させることはやめましょう。雪が降ってくる場合や交通事故など、どんなアクシデントがあるかわかりません。子どもだけでは対処できないことも起こりえます。

家をでるとき、または検査会場に入るとき、「自分の持っている力を全部だし、思いきってやってくれば、それでいい」と、安心させる言葉をかけて送りだしましょう。

ていねいに、しっかりとした文字で書くことも望まれます。漢字は正しく書きましょう。とくに小学校で習った漢字は、トメ、ハネ、送りがなも正しく記しましょう。

記入欄のスペースと、本人が書きたいことの文章量とが合わない場合がでてきますが、記入欄をはみだすことは避けましょう。逆に書くことが少ない場合ですが、記入欄に書く文字で、少なくとも8割以上は埋めたいところです。

その内容は、小学校でとくに力を入れてきたことについて、具体的に、どんなことをがんばったのかが伝わるように書きましょう。

なお、志願理由書の右上に「受験番号」という欄が用意されている場合がありますが、ここは空欄のまま提出します。出願後、決まった受験番号を学校側が印字するスペースです。

また、記入間違いや書き損じがどうしても起こります。コピーによる下書きも必要ですので、願書類は2通取得しておくことも大切です。もしものときには最初から書き直しましょう。

ほとんどの学校で、各校のホームページからダウンロードできるようになっていますので、それを下書き用に利用するのもよいでしょう。

もし、何度も書き直して、子どもの根気が途切れたと感じたら、日を改めた方がよい結果となります。

さて、この志願理由書が合否にどの程度影響するかですが、これはそれほど大きくはない、強いていえばほとんど関係ない、と言ってよいでしょう。

志願理由書を求めている学校は、ほとんどが面接を行っている学校に偏っていることから、面接の際の「質問材料になる資料」というとらえ方が適切かと思われます。

出願

以上のような提出書類をそろえて、各校が指定する期間中に出願します。その方法も学校によってさまざまなので注意が必要です。提出書類が多岐にわたる学校もあります。漏れのないようにします。

出願は、郵送のみという学校が多いのですが、窓口持参の学校もあります。ただ、締切が午後3時までと早い学校もあります。郵送についても封筒の大きさを定めている学校、簡易書留で配達日指定にしなければ認めていない学校もあります。

東京都立10校の出願は、2016年（平成28年）1月12日（火）から1月18日（月）までの必着で、各校指定の郵便局に「郵便局留」で郵送することにより受けつけることなっています。

千代田区立九段中については、同1月19日（火）と20日（水）の午前10時から午後3時までに、九段校舎の窓口に持参します。

なお、窓口持参を認めている学校の注意点として、書類に不備が指摘された場合には、その場で訂正することになりますので、かならず印鑑を持参してください。

東京家政大学附属女子
中学校・高等学校

Plans 25 ans

未来への階段。

入試要項

試験名	試験日	試験科目	募集定員
セレクト入試（第1回）	2/1（月）午前	2科選択 or 適性検査	70名
特別奨学生入試（第2回）	2/1（月）午後	2科 or 4科	50名（一般合格含む）
第3回	2/2（火）午後	2科	20名
第4回	2/4（木）午前	2科	10名

※試験時間は各科目とも45分
※第2回は2科（国・算）または4科（国・算・社理）
※第3回・第4回にも特別奨学制度を適用します。第3回・第4回は2科（国・算）
※合格者は、特別奨学制度（第2回〜第4回）チャレンジのための再受験ができます。

中学入試が変わります!

セレクト入試（第1回）では、国・算・社理・英から2つ選択する「2科選択」と「適性検査」のいずれかを選んで受験。選択の幅が広がり、受けやすい入試になりました。
詳しくは、本校HPより入試要項をご覧ください。

中学学校説明会・見学会

第4回
11月14日（土） 授業見学・施設見学
10:00〜12:00

第5回
12月 5日（土） 入試体験と解説
14:00〜16:00 ★入試体験のみ予約制

第6回
1月 9日（土） 入試直前アドバイス
14:00〜16:00

第7回
1月23日（土） 入試直前アドバイス
14:00〜15:30 （願書の受付）

ミニ学校見学会 予約制
毎週金曜日 10:00〜12:00
実施日はHPでご確認ください。

スクールランチ試食会 予約制
11月22日（日） 11:00〜12:30

〒173-8602 東京都板橋区加賀1-18-1
入試広報部 ☎03-3961-0748 http://www.tokyo-kasei.ed.jp
●JR埼京線「十条駅」徒歩5分 ●JR京浜東北線「東十条駅」徒歩13分
●東武東上線「下板橋駅」徒歩15分

英語が、わたしの言葉になる。

「他者理解」――

この言葉には世の中のさまざまな人と共感し、支え合うという理想が込められています。

創立より貫かれてきたこの教育理念、これからも武蔵野は世界で通用するグローバルな人材の育成を目指します。

外国人教師による、「英語で学ぶ」
LTE [Learning Through English]

外国人教師と1つのテーマ(トピック)を英語で考え、英語で発表するワークスタイルの授業を週6時間行います。英語力はもちろん、アイデアや意見の共有、ディスカッション能力など、グローバル社会で必要なコミュニケーションスキルが身につきます。

世界への扉をあける
ニュージーランド3ヶ月留学

現地校1校につき、武蔵野生最大3人という自主性が問われる環境の中で、3ヶ月間過ごします。様々な国の留学生が集うニュージーランドで、生きた英語だけではなく、その国の文化や考え方を身近に感じ取ることができ、よりグローバルな視野で物事を考える力が身につきます。

入試実施概要

試験日	2月1日(月)	2月2日(火)		2月4日(木)	2月8日(月)
入試区分	第1回	第2回		第3回	第4回
		午前	午後		
募集人員	40名	20名	10名	10名	10名
	第1学年(男・女) 90名				

学校説明会・入試模擬体験・個別相談会

- 11/21(土) 13：00～　学校説明会
- 12/12(土) 10：00～　入試模擬体験　個別相談会
- 12/19(土) 10：00～　入試模擬体験　問題解説会
- 1/16(土) 10：00～　個別相談会

※説明会参加の予約は不要です。
※各説明会終了後に、ご希望の方対象に「個別相談」と「施設見学」の時間を用意しております。
※日時・内容については諸般の事情により変更することがあります。必ずHPまたは電話でご確認下さい。

武蔵野中学校
Musashino Junior High School

〒114－0024 東京都北区西ヶ原4－56－20 TEL：03-3910-0151 FAX：03-5567-0487 http://www.musashino.ac.jp/
アクセス JR大塚駅・王子駅乗り換え 都電荒川線「西ヶ原四丁目」下車徒歩5分 ／ JR巣鴨駅下車 徒歩15分

社会に貢献できる人材を育成する『R-プログラム』

立正大学付属立正中学校

日蓮聖人の教え「行学二道」を柱とし、勉学への積極的な情熱と豊かな人格の育成を目指す立正大学付属立正中学校・高等学校（以下、立正）。2013年のキャンパス移転を機に、新しい取組みが着々と生徒の可能性を伸ばしています。

中学のクラス編成

立正では、中学生は周囲からの見守る目が最も必要な時期と考え、中学3年間は、1クラスを30名程度の少人数で編成しています。さらに学習進度に差がつきやすい数学と英語では習熟度別授業を行い、英会話の授業ではネイティブ教員2名による1クラス10数名の分割授業を行うなど「教わる授業」から「自ら学ぶ授業」へと展開し、生徒それぞれに合ったきめ細かな指導を心掛けています。

2年次からは、生徒の希望と成績に応じて、国公立・難関私立大学への進学を目標とする「特別進学クラス」とその他私立大を目指す「進学クラス」に分かれます。進級時に本人の希望や成績に応じたクラスの入れ替えを行いながら、原則的に高入生と混ざることなく4年次（高校1年次）まで一貫生のみのシラバスが構築されています。

進路指導と進路状況

5年次（高校2年次）から高入生と混合となり、生徒それぞれの進路に応じ、特進文系・特進理系と進学文系・進学理系の4コースに別れ、志望大学への進学を目指します。

立正では、「行ける学校よりも、行きたい学校へ」を進路指導方針とし、生徒の多様な進路選択に対応するために豊富な選択科目を用意しています。また、勉強合宿や長期休暇中の講座、AO・推薦入試に特化した入試対策講座など、生徒のニーズに合わせて多数の講座を開講しています。

このような取り組みの結果、近年の大学進学実績は堅調に推移しており、２０１４年度（平成26年度）大学入試において、国公立・早慶上理29名、GMARCHに65名が合格しており、約8割の生徒が立正大学以外の外部大学へと進学しています。

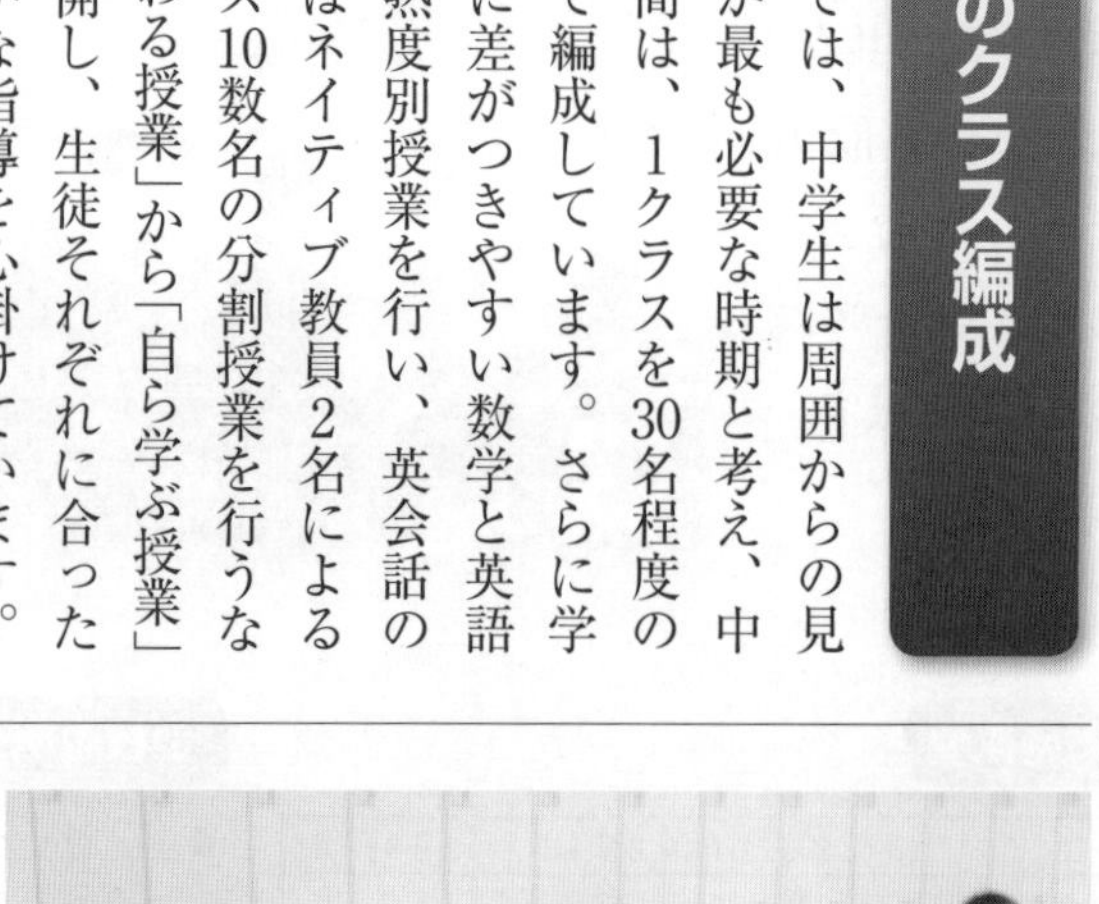

毎日、真剣に授業に取り組んでいます

『R-プログラム』で社会人力を養う

「2013年（平成25年）の校舎移転を機に本校の校是でもある日蓮聖人の三大誓願（※）の心に立ち戻り、中等教育の本来あるべき姿とは大学へ送り出すための学習カリキュラムだけを行うのではなく、社会に貢献できる人材を育成することであると考え、この『R-プログラム』を実施するに至りました」と入試広報部長の今田正利先生は語ります。

※日蓮聖人の三大誓願
「我れ日本の柱とならむ、我れ日本の眼目とならむ、我れ日本の大船とならむ」

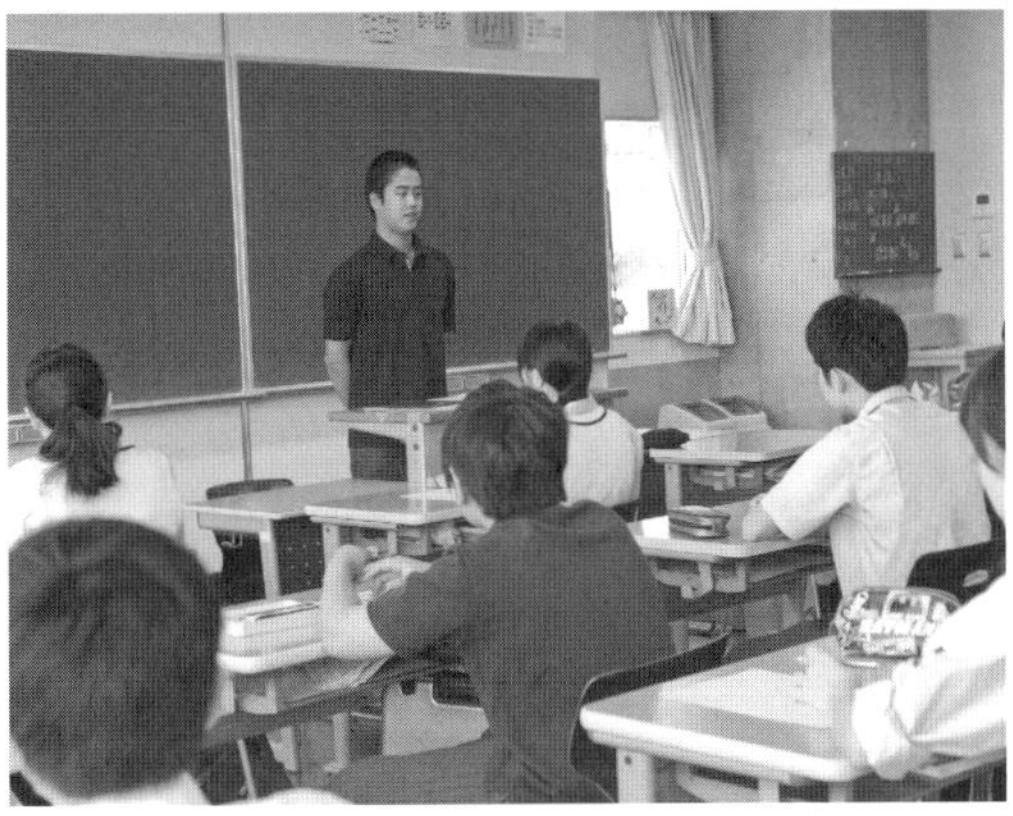

「R－プログラム」スピーチの様子　皆、真剣です

この「R-プログラム」とは、Research（自ら進んで調べる力）、Read（主張や要点を読み取る力）、Report（意思や結果を正確に伝える力）の3つのスキルを伸ばすための立正独自のもので、主な取り組みは次のようなものです。

『コラムリーディング&スピーチ』

毎朝20分のSHRを活用し、新聞等のコラムを読み、自分の感想や意見を200字程度にまとめ、1人1分間の発表を行うプログラムです。学年が進むごとにコラムを時事的なテーマへと移行し、LHRで3分間スピーチにチャレンジしたり、クラス内でディスカッションやディベートを行ったりと少しずつ難易度を上げていきます。これにより文章の読解力・要約力、プレゼン力そして自分と異なる意見を受け入れる姿勢などが養われます。

『読書ノート&リーディングマラソン』

『読書ノート』は生徒に配布しているノートで、読んだ本の書名、ページ量、感想などを記入することで「考えながら読む」習慣を身につけます。また、1年間を3期に分け、クラス対抗でどれだけのページ数を読んだかを競う「リーディングマラソン」を開催し、読書の動機づけを行います。昨年度、中3の年間読書量の平均は約2500ページでした。

『キャリアプログラム』

「R-プログラム」では、中1からキャリアプログラムを実施しています。

1年次に行われる卒業生による「職業講話」から始まり、2年次の「職場訪問」、3年次の「職場体験」と学年が上がるごとに実践的なプログラムとなっています。

特に3年次のインターンシップ（3日間）では、企業で行われる会議に参加したり、店頭に立ったりと実際の仕事を体験します。事前打ち合わせから企業訪問まですべて生徒たちだけで行うため、企業の方から注意を受ける生徒もいます。また、体験した現実の仕事と想像とのギャップに戸惑う生徒も少なくありませんが、それも社会経験の一つとなり、将来の目標を決めるための糧になると考えています。体験後には、一人ひとりが「体験報告会」でプレゼンを行い、様々な体験談と将来の目標を発表します。

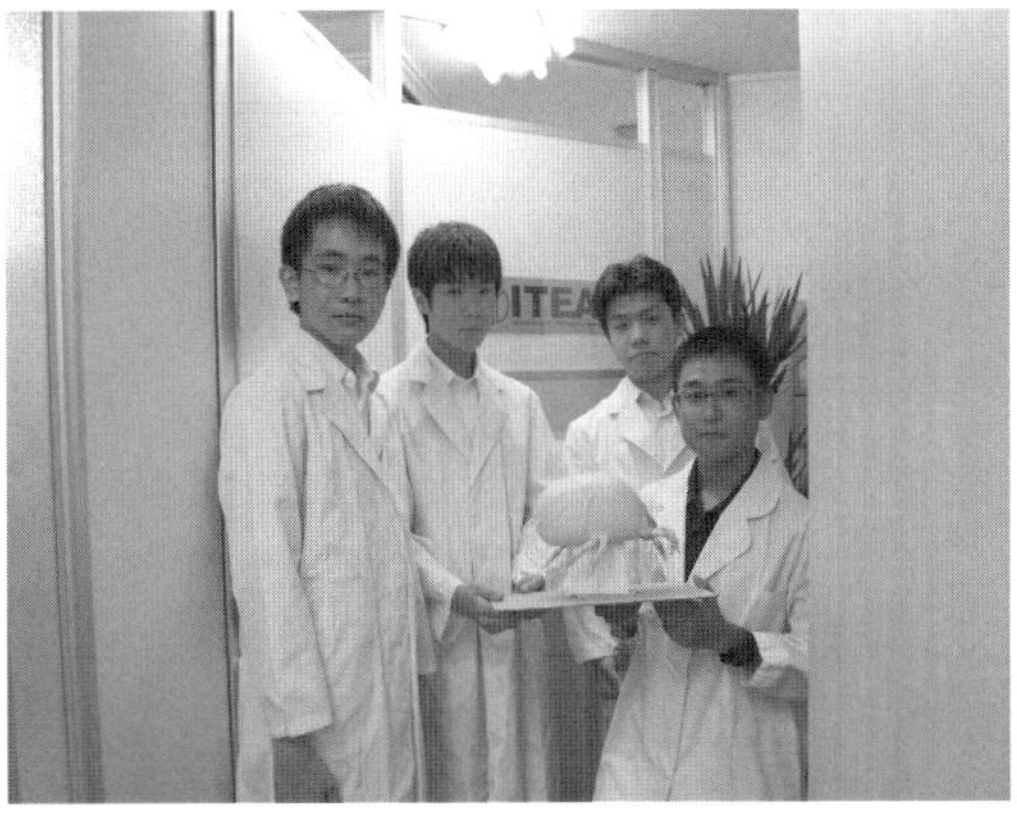

「アレルギー研究所」での職場体験

「立正では、これらのプログラムを6年間という一貫教育の利点を活かし、反省と見直しを繰り返しながら継続して取り組むことに意義があると考えています。このプログラムを行うことで、生徒たちは自らアクティブラーニングを行い、プレゼンテーション力を養うことができます。この力は大学進学後、そして社会人となったときに必ず自分自身を支え、助ける力になると確信しています」

（入試広報部長　今田正利先生）

立正大学付属立正中学校

〒143-8557
東京都大田区西馬込1-5-1
TEL. 03-6303-7683
http://www.rissho-hs.ac.jp
アクセス：
都営浅草線
「西馬込駅」西口下車徒歩5分

＜学校説明会＞
全日程とも予約不要
第6回　11月14日（土）　14:00～
第7回　12月13日（日）　10:00～
第8回　1月 9日（土）　14:00～

本番へのラストスパート

親と子の中学受験 直前期の過ごし方

産経新聞編集委員
大野 敏明

産経新聞編集委員。『フジサンケイ　ビジネスアイ』に「がんばれ中学受験」と題して24回の連載記事を執筆。自身も男児ふたりの中学受験に寄り添った経験がある。

来年1月の埼玉県、千葉県の私立中学の入学試験解禁まであとわずかです。2月には東京都、神奈川県の試験が始まります。入試直前の1カ月が成否を決めるといっても過言ではありません。受験生も保護者も息切れすることなく、最後まで全力をだし、難関を突破し、合格を勝ち取りましょう。そこで、最後の1カ月、そして入試前後を保護者と受験生はどう過ごせばいいかを考えてみました。

1 ラスト1カ月の生活

ラストの1カ月、どんな生活をしたらいいのでしょう。

まずはこれまでどおりの生活を維持することです。あと1カ月だからといって、新たなことを始める必要はありません。学校も塾もいままでどおりでいいと思います。これまでのリズムを大事にするということです。生活のリズムを崩すと、勉強にも悪い影響がでることがあります。これまでの流れのなかで、培ってきた実力をじゅうぶんに発揮できるはずです。発揮できれば合格の可能性は大きくなります。

あと1カ月となると、受験生を特別あつかいしたくなります。「○○は受験だから」などと言って、わがままを聞いたり、食事を豪華にしたり、店屋物をとったり、好物ばかりを与えたり、外食したりするのは感心しません。

ほかに兄弟がいればなおさらです。小学生のうちから差別的な感覚を育ててしまいかねません。ひとりっ子だったら、わがままな性格を植えつけてしまわないともかぎりません。

そうでなくとも、特別あつかいすることで、プレッシャーを与えてしまい、受験に失敗したり、失敗したのちに親子関係がむずかしくなってしまうこともありえます。

保護者は、なんのために中学受験をするのか、中学受験は通過点のひとつに過ぎないということを肝に命じておくべきでしょう。特別なことはせず、いつもどおりの生活を維持することがいちばんいいと思います。

学校生活も同じです。授業も遊びも給食もみんなといっしょに、いつもどおりにするのがいちばんです。クラスで中学受験をする児童がほかにひとりもいないと、精神的に孤立しがちですが、いつもどおりにすることで、精神的な孤立を避けられます。

塾でも、塾仲間をライバルと思うより、励ましあって、ともに合格をめざす仲間と考えた方が安心感が増します。休み時間などは、情報を交換し、いっしょに談笑するぐらいになりたいものです。大変なのは自分だけではないと考えることで、プレッシャーから解放されることもあります。

願書の受付が始まると、受験校や塾は毎日、ホームページで倍率を発表します。保護者のみなさんは、それを見て一喜一憂することでしょう。

しかし、倍率を見て気持ちを動かされる必要はありません。発表される倍率は実質的な倍率ではないのです。

仮にどのような倍率になろうと、偏差値が達していれば、合格はじゅうぶんに可能です。

2 1カ月前の勉強法

受験当日まで、勉強のペースを変えないことです。受験日が近づいても成績が伸びないと、新しいことをさせたくなります。

しかし、それは考えものです。新しい問題集をやらせる保護者もいるようですが、賛成できません。まして塾を変えたりするのは厳禁です。塾を変わることで、子どもは大きなストレスを感じます。勉強よりも新しい環境に慣れる方にエネルギーを費やしてしまい、より大きなストレスになります。これまでどおりのペースで勉強しましょう。

受験前1カ月、学校を休んで家や塾だけで勉強させる保護者もいると聞きます。しかし、これもよくありません。学校にはこれまでどおり通い、復習に重点をおいた勉強をおすすめします。

できていないところにこだわりすぎると、アブハチとらずになります。いくらやっても理解がむずかしいところは、思いきって捨ててしまってもいいと思います。

受験は満点でなければ合格しない、というものではありません。要は合格点に達していればいいのです。完璧にできている受験生など存在しないのです。

受験は緊張します。あがり症の子どももいます。緊張すれば、記憶力は落ちます。覚えていたことがすらすらでてこないこともあります。そこで焦ると悪循環に陥ります。

だからこそ、できていると思っている分野でも復習しておくことが大切です。これまでの記憶が着実によみがえるような勉強をすることは、確実に得点する近道です。

3 健康を第一に考えて

風邪のはやる季節ですから、人が集まる場所にはなるべく行かないことです。学校でインフルエンザがはやっていたら、思いきって学校を休むのもやむをえないでしょう。

複数受験をする場合、もし、前日や当日に熱がでたりしたら、受験を諦める勇気も必要です。つぎの受験に備えるためです。

もし、無理をして受験をさせてこじらせると、その後の受験すべてに響いてきます。第1志望校受験の日に、インフルエンザで高熱がでてしまったら、これまでの苦労が報われません。

外出時はかならずマスクをし、受験の2週間前くらいからは、学校でもマスクをするくらいの用心深さが必要かもしれません。

保護者は受験会場を事前にチェックしてください。自宅から受験会場までのルートを確認し、時間をはかり、当日、絶対に遅刻しないようにしましょう。学校によっては学校以外が受験会場である場合もあるので、念には念を入れておくことです。受験当日まで受験会場に行かない、なんてことは無謀です。

それと、受験番号はなるべく若いものをとることをおすすめします。なかには1番を取ろうと徹夜する保護者もいるらしいのですが、いくら若い番号といっても1番はちょっと考えものです。受験番号が1番だと、「1番の人から教室に入って」などと、受験会場で行動する際、いつも最初に指名されます。これはわずらわしいし、変な緊張をします。

逆に受験番号があとの方だと、お試し受験や冷やかし受験、あるいはぎりぎりに受験を決断して願書をだした、第1志望ではない受験生が少なくありません。そういう受験生の多い教室では、緊張感が生まれにくく、気がゆるみます。

全体の3分の1以内ぐらいの番号をとって、第1志望という緊張感のなかで受験することが望ましいでしょう。

4 前日と当日の心得

受験の前日、学校を休むか休まないか、という問題があります。人によってちがうでしょうが、私は第1志望校の前日は学校を休み、午前中は自宅などで勉強し、午後から塾へ行って、士気を高めるのがいいのでは、と思います。

しかし、本人が学校へ行きたいといえば、行かせればいいし、疲れぎみなら、学校にも塾にも行かずに、家でリラックスして軽く勉強をするのもいいでしょう。

受験日やその前日に、「出陣式」などと称して、特別なことをする家庭があるそうですが、やめた方がいいと思います。受験生を激励しようとする気持ちはわからなくはありませんが、受験生はまだ11歳か12歳です。保護者の期待を感じれば感じるほど、そのぶんプレッシャーも感じます。こういうプレッシャーはけっしてプラスになりません。

受験前日に特別メニューのご馳走をしたりするのは厳禁です。食べなれないものを口にしたり、好物を食べ過ぎて胃腸の調子を壊したりすることもあります。受験前日や当日、緊張のあまり、嘔吐をする受験生もいます。特別なことはせず、ふだんどおりの生活で、体調の維持を心がけましょう。

当日は早めに受験会場に行くようにしましょう。電車の遅れなど、思わぬアクシデントに備えて早め早めに行動しましょう。早く行った方が、受験生も余裕が持てます。ぎりぎりに到着すると、それだけで精神的にプレッシャーを感じます。

受験生には、「最後の1秒まで諦めずに全力で。あなたならかならず受かる」と激励することです。「もうだめだ」と思ったときが合格にいちばん近いのです。受験本番では大きく深呼吸をし、時間配分を考え、問題文をていねいに読んでいきましょう。

5 受験終了後は

受験生は、第1志望校の受験が終わると、どっと疲れがでます。しかし、まだ他校の受験が控えているかもしれません。緊張を持続し、疲労を残さないようにすることです。むずかしいのですが、家に帰ったらリラックスをして、勉強は参考書をめくる程度でいいと思います。

終わった試験問題を解き直すなどはやめた方がいいです。疲れるし、まちがいを発見して気分が落ちこんでやる気をなくしかねません。

「試験どうだった?」などと聞くのもいけません。受験生本人がいちばんわかっているはずです。終わった試験は忘れることです。繰り返しますが、終わった試験は忘れてください。リセットです。

受験を終えた日の夜に、遅くまで勉強する受験生もいますが、じゅうぶんな休養と睡眠が勉強に勝ることはいうまでもありません。

受験を終えた子どもには、「万が一のことがあっても、それはそれで仕方がない。一生懸命やったことが大事」と話してください。どんな受験でも100%ということはありません。保護者としては万が一のことを念頭に置いた対応が必要です。

合格発表は、いまはインターネットが多いのですが、仮に合格が得られなくても、その場で悲嘆にくれたり、騒ぐのは厳禁です。不合格となれば、保護者以上に受験生はショックを受けます。そのときに、親から叱られたり、なじられたりしたら、受験生はいたたまれなくなり、心に大きな傷を負います。そうなったら、なんのために受験をしたのかわからなくなります。

「じゅうぶんにがんばった。この経験は人生におおいにプラスになる」と心からほめてあげることです。事実、そのとおりになるはずです。

インターネットを使わず、合格を掲示板でのみ発表する学校もあります。その場合、発表を見に行く際は、大きめのカバンなどを持参することをおすすめします。合格者が入学手続きなどを書いた大きな封筒を持っているとき、自分は不合格でなにもないと、みじめに感じられるものです。そのあたりの気配りも必要でしょう。

不合格だったとき、受験生がいちばん気を使うのは親です。あれほどやってくれたのに、その思いに応えられなかった、と受験生は思います。ですから、悲嘆にくれたりせず、淡々とつぎのステップに踏みだしましょう。入学する学校が志望校なのです。

すべての受験が終わったら、そのときこそ、受験生のわがままをちょっとだけ聞いてやってください。

わずか11~12歳、遊びたいさかりを我慢して勉強したのです。彼ら彼女らは小さな戦士です。結果はどうであれ、その努力はかならずつぎのステップの大きな糧になります。ほんとうはそれがいちばん大事なのであって、そこをじゅうぶんに理解できていれば、これからも充実した人生を送っていけるのではないでしょうか。最後の最後まで気を抜かずにがんばってください。

教育改革ZERO・1始動！

中村中学校

2016年度（平成28年度）入試から、これまでと全く形式の違う「ポテンシャル入試」を行うことを発表した中村中学校。その背景には、「教育改革ZERO・1」を進めていくために、様々な分野で高い可能性を持った生徒に入学してもらいたいという狙いがあります。

「学び方そのものを学ぶ」中村の教育

小規模校ならではの、生徒一人ひとりに合った教育を行ってきた中村中学校（以下、中村）は、生徒が自律性と社会性を高め、さらに学力も身につけるために、数々の教育プログラムを実施しています。

その1つが、生徒の力を引き出す「学び合い」です。

National Training Laboratoriesという研究所が発表した「ラーニングピラミッド」（図1）というものがあります。

これによると、授業の半年後の定着率は、講義型で5％、読むことで10％、視聴覚教材を使うことで20％、実演することで30％、グループ討論などをすることで50％、実際に体験したりしながらの授業で75％、そして、ほかの人に教えることで90％というものです。

「学び合い」は、まさにその90％の部分であり、これを中村は日々の授業に積極的に取り入れています。梅沢辰也校長先生は「『学び合い』をするということは、そこに必ず『誰か』がいなくてはならないということになります。

そうして、『仲間』がいるからその学びが豊かになるということを、授業をとおして学ぶことができるのです。それはつまり、『学び方そのものも学んでいく』ということだと考えています」と話されます。

「ポテンシャル入試」で高い可能性を持つ生徒を

中村は、こうした教育をさらに充実させていくために、「仲間」の定義について考えました。

現在、中村に入学してくる生徒は入学試験を受け、その成績によって合否が決まります。定員の124名は、学力というものさしで見た1番から124番までという形で入学してきます。

しかし、そうしたある意味での同質集団よりも、もしかしたら、学力という面では彼女らより劣るかもしれないけれど、スポーツでは、芸術では、英語力では負けない、という生徒もそのなかに混ぜることで、今よりもさらにお互いに刺激を与え合える集団になれる「仲間」を迎え入れたい、というのです。

そのために2016年度（平成28年度）入試から導入するのが「ポテンシャル入試」です。これはスポーツや芸術、英語などの分野で鍛えられ将来性を持っている生徒を対象とし、学力試験は課さず、志願書の提出と作文、面接で合否を判定します。

「志願書は簡単なものではなく、しっかりと志願理由を書いてもらうものになります。学力的な部分は作文で見ることができると考えています。

また、面接では、自分の得意分野について語れることは当然必要になってきます。10分間のうち、3分間は自己アピールの時間となり、そのうちの90秒間は動画の使用も認めます。あとは、例えば英会話スクール

［図1］ラーニングピラミッド

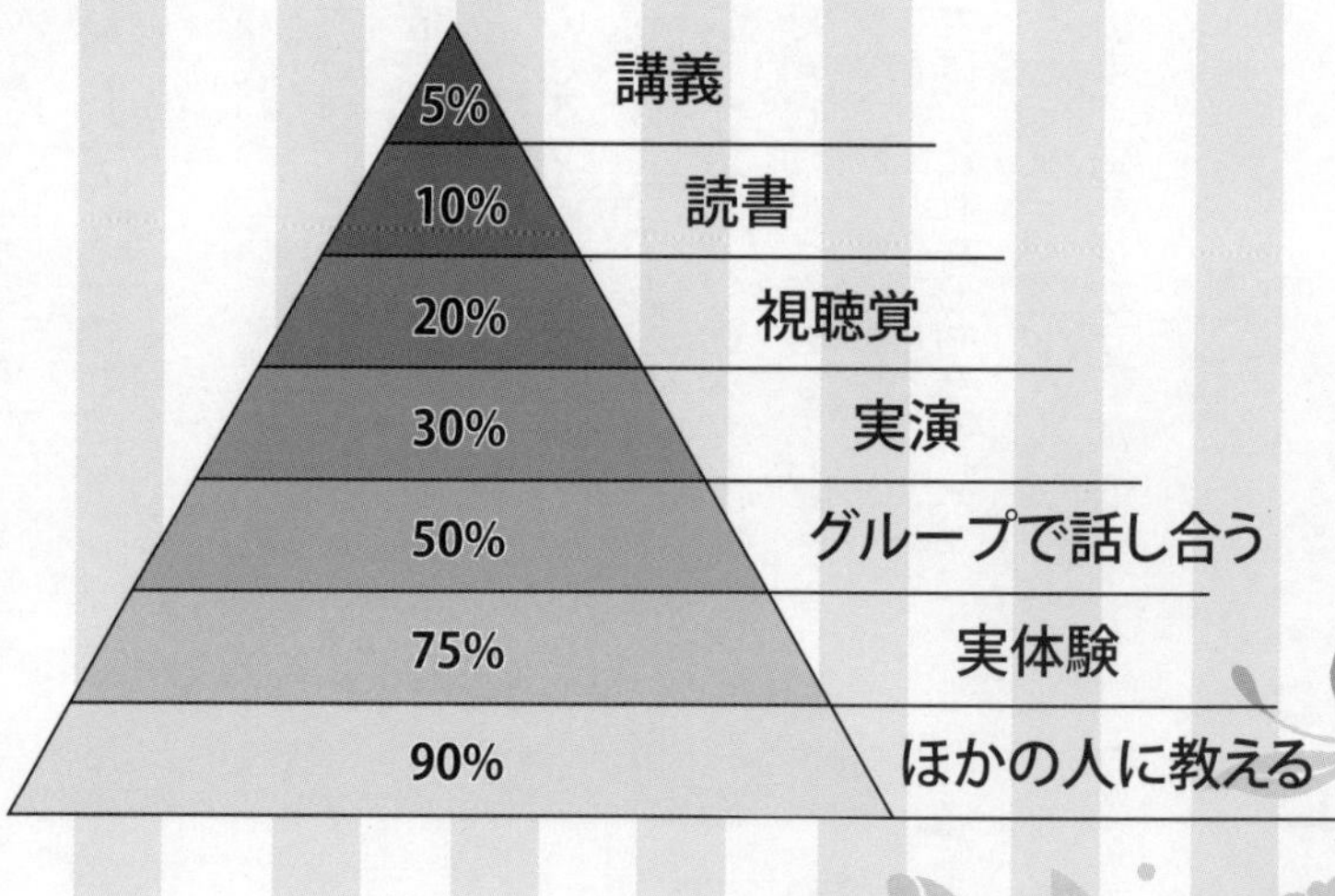

全員がクラスの壁を越えて各教科、各分野の先生になる学び合いのプロジェクト「You Teach」。クラスのなかで担当を決めていきます（写真は中1）

で英語をやってきたことを評価してほしい、という生徒であれば、ネイティブスピーカーの先生と英語で面談をする『英会話入試』ということになります。

実際にその分野で自分がどう評価されているかを証明することができるものがあれば、そういうものもいただきたいですね」（梅沢校長先生）

それだけではありません。一般の入試においても、中村がこれから行っていく教育改革に合わせて、出題の内容を変えていきます。これまでの知識を問う問題を中心とした形から、より「考える力」や考えるプロセスを見るような問題が軸となります。

ゼロだったところに「1」を生む学びの空間づくり

こうして入学してきた生徒たちに、「感性教育」、「グローバル＆ローカル教育」、「キャリア教育」を施していきます。

「感性教育」については、中村はこれまでも「芸術とスポーツは世界共通言語」と位置づけて、フルートやフライングディスクを授業に取り入れてきました。

さらにいたるところにくつろげる空間があったり、校舎中に美術作品が飾られていたり、新館のカフェでは日替わりで季節感のある食事が提供されたりと、校舎そのものが思春期の少女たちの感性を育てる「場の力」となることを意識したつくりになっています。

「グローバル＆ローカル教育」は、TOEFLの実績があり、海外研修の機会も豊富な一方、外国の人と話す機会があった際に自分自身の国のことを語れるように、ローカル教育も同時並行で行うのが特色です。

中村がある深川の地で、日本の歴史や文化を学び、さらに「平和学習」や地域の方々との交流を盛んにしています。学年が進むにつれ、東京・京都・奈良・富士山などを訪れ、ローカルな学びを深めていきます。東京オリンピック・パラリンピックでの生徒たちの活躍が期待されます。

「キャリア教育」は、これまでに中村が行ってきた「社会の一隅を照らす人を育てる」、「30歳になったときの自分を長期的な視野で想定して、進路を決めていく」というスタイルをさらに進め、共に生きる社会をつくることができるグローバルレディーを育てていきます。

これら一連の教育改革は「ZERO・1」と命名されており、その意図について梅沢校長先生は「いろいろな特徴、個性、ポテンシャルを持った生徒が集まり、教師からの一方通行の教え方ではなく、学び合いやアクティブラーニングや生徒用iPadの使用により、生徒同士で新たな発見が起こります。時にはびっくりするような間違いもあるかもしれませんが、それも含めて、このような発見や気づきは、ゼロだったところに『1』が生まれる瞬間ということです。そんな可能性を持つ学びの空間づくりを目指すという思いを込めました」と説明されました。

6月20日の第2回学校説明会を皮切りに、各回で「ZERO・1」の全貌が明らかにされています。中村中学校の新しい学びを体験してみたいという人は、一度足を運んでみてはいかがでしょうか。

学校説明会情報　要予約

第7回	11月14日(土)	10:00～12:00
第8回	12月12日(土)	10:00～12:00
第9回	12月17日(木)	19:00～20:00

- **ミニ説明会 at cafe**
  1月9日(土)　10:00～11:00
  1月24日(日)　10:00～11:00
- **公開授業＆ミニ説明会 at cafe**
  11月20日(金)　13:00～15:00
  11月30日(月)　13:00～15:00

School Information

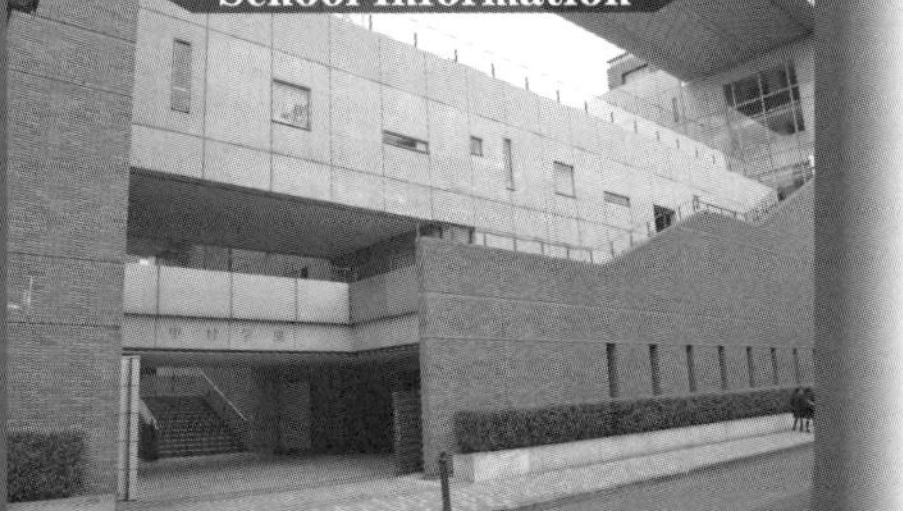

所在地　東京都江東区清澄2-3-15
アクセス　地下鉄半蔵門線・都営大江戸線「清澄白河駅」徒歩1分
TEL　03-3642-8041
URL　http://www.nakamura.ed.jp/

願書提出に向けてここをチェック！

入学願書は、志望する学校へ入学したいという意思を伝えるための重要な書類です。ここでは願書提出までのそれぞれの段階のポイントをチェックしていきます。願書をミスなく記入、提出し受験へのいいスタートをきりましょう。

Check 01 準備するもの

願書

第１・第２志望の学校だけでなく、受験する可能性のある学校の願書はあらかじめ入手しておきましょう。志望校の結果によっては、「駆け込み受験」を強いられる可能性もあります。学校説明会やオープンキャンパスなどに参加した学校のものは可能なかぎりもらっておきましょう。

筆記用具

指定があればそれに従います。指定がなければ、青か黒のボールペン、または万年筆を使います。途中でインクが切れてしまうなどのハプニングに備え、同じものを２、３本用意しておきましょう。

写真

スピード写真の可否、サイズ、撮影時期などは、学校ごとに指示が異なる場合があるので、事前によく確認してください。また、念のため、実際に必要な枚数よりも多めに用意しておくと安心です。

学校案内

志望理由などを記入する際に、手元に置いておくと参考になります。他校と混同することのないように注意しましょう。

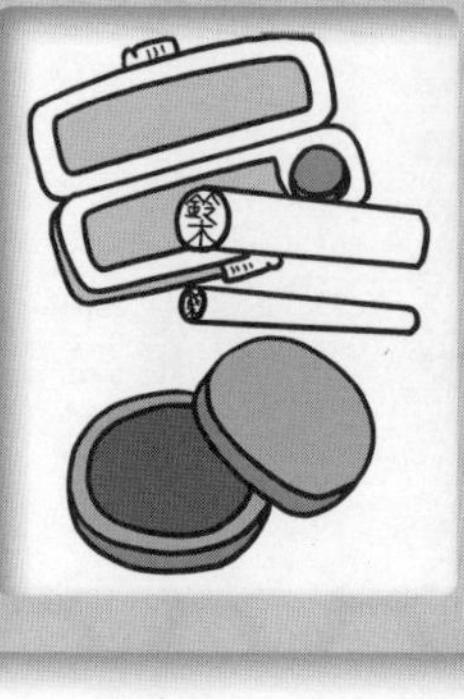

印鑑・朱肉

スタンプ印は使わず、朱肉を使用する印鑑を用意します。ミスをしたときのために、訂正印もあると安心です。

Check 02

記入の前に

募集要項を再度確認

記入事項や形式などは、学校によってさまざまです。ミスを防ぐためにも、各校の募集要項に、もう一度目をとおしておきましょう。まとめて何校ぶんも記入する際は、混乱してしまいがちなので、とくに注意してください。

コピーをして練習

スムースに記入するためには、いきなり清書をするのではなく、願書を下書き用としてコピーし、練習するのがいちばんです。下書きをする際に、文字の大きさやバランスなども確認しておきましょう。

Check 03

記入時のポイント

ていねいに楷書で書く

文字の上手・下手が合否に影響することはありません。しかし、ていねいに書くことは大切です。読む人にわかりやすいように、また、入学への熱意が伝わるように、1字1字心をこめて記入しましょう。

「です・ます」で統一

書くスペースが大きくとられている志望動機などの項目では、文体を統一して記入します。その際「だ・である調」はやや高圧的な印象を与えかねませんので、「です・ます調」で記入するようにしましょう。

余白やはみだしは×

志望動機などの文章を書く欄では、枠からはみださないように、そしてできるだけ余白をつくらないように記入します。スペースを有効に使って、読み手に好印象を与える願書をめざしましょう。

記入例を見てみましょう!

ミスをしてもあわてない

まちがえてしまったときは、その箇所に二重線を引き訂正印を押します。修正液などは認めていない学校もあるので注意が必要です。募集要項に訂正方法が記載されている場合もあるので、確認してください。

不明点は学校へ

願書を記入している途中でわからないことがでてきたら、学校に直接問い合わせてみましょう。問い合わせたことで受験が不利になることはありませんし、学校は親切に教えてくれるはずです。

01 受験回

受験回ごとに願書の用紙がちがう場合や、受験科目を選択させる場合があるので、学校ごとによく確認しましょう。

02 志願者氏名・ふりがな

氏名は略字などは使わずに、戸籍上の漢字で記入しましょう。ふりがなは、「ふりがな」ならひらがなで、「フリガナ」ならカタカナで記入しましょう。ふりがなの書きもれにはくれぐれも注意しましょう。

03 生年月日

西暦での表記か、元号での表記か注意してください。

04 現住所

志願者本人が現在住んでいる住所を、番地や部屋番号まできちんと記入しましょう。調査書などほかの書類と同じ住所にします。

05 写真

スピード写真やスナップ写真ではなく、専門店で撮影した証明写真を使用するようにしましょう。学校によって、サイズや撮影時期などの条件が異なりますので、確認して指定されたとおりにします。念のため、必要枚数よりも多めに準備しておきましょう。写真の裏に氏名と住所を書いておくと、万が一願書からはがれてしまっても安心です。また、眼鏡をかけて受験する場合は眼鏡をかけて撮影しましょう。

06 印鑑

押し忘れが多いので注意しましょう。印鑑は朱肉を使用するものを使います。印がかすれないよう、下に台紙などを敷いてからしっかりと押しましょう。

07 保護者の現住所

「志願者本人の住所と異なる場合のみ記入」と指示があれば、未記入でかまいません。指示がない場合は、「同上」と記入するか、再度記入しましょう。単身赴任等で住所が異なる場合はその旨を記入します。

08 緊急連絡先

受験中のトラブルはもちろん、補欠・追加合格など学校からの緊急連絡時に必要となりますので、確実に連絡が取れるところを書いておくのがポイントです。保護者の勤務先を記入する場合は、会社名・部署名・内線番号まで書いておくと親切でしょう。最近は、携帯電話でもかまわないという学校も増えています。その場合には所有者の氏名と続柄も記入しましょう。

09 家族構成

指示がなくても、本人を書く欄がなければ、本人以外の家族を記入するのが一般的です。書く順番は、父、母、兄、姉、弟、妹、祖父、祖母としますが、募集要項のなかに明記されている場合もありますので、指示に従ってください。名字は全員省略せずに書きましょう。また、家族の続柄は志願者本人から見た場合が一般的ですが、まれに保護者から見た続柄を書かせる学校もありますので確認が必要です。

10 志願理由

記入例Aのようなアンケート形式や、ある程度の文章量で書かせるなど、学校によって異なります。

記入例A

入学願書

平成28年度
○○○○中学校

01 第1回入試用（試験日2月1日）

受験番号 ※

入学志願者	ふりがな	ごう かく た ろう		
	氏名	合格 太郎		
	生年月日	平成 15 年 5 月 19 日		
	現住所	〒101-0000 東京都千代田区○○○ 2-4-2		
	電話	03 - 0000 - 5944		
	在籍小学校	東京都千代田区立○○ 小学校 平成 22 年 4 月 入学 東京都千代田区立○○ 小学校 平成 28 年 3 月 卒業見込		
保護者	ふりがな	ごう かく すぐる	年齢	志願者との続柄
	氏名	合格 優 (印)	45	父
	現住所	<志願者と異なる場合のみご記入ください>		
	自宅以外の緊急連絡先	父の勤務先 03 - 0000 - 1234 株式会社○○出版		

写真貼付
（縦5cm × 横4cm以内）
正面・上半身・脱帽
カラー・白黒いずれも可
裏面に氏名記入

02 ふりがな / 03 生年月日 / 04 現住所 / 05 写真貼付 / 06 印 / 07 保護者現住所 / 08 自宅以外の緊急連絡先 / 09 家族・同居人 / 10 志願理由

家族・同居人（本人は除く）	氏名	年齢	備考
保護者	合格 優	45	御校の卒業生です
母	合格 秀子	42	
妹	合格 桜	9	

志願理由
(教育方針)・(校風)・大学進学実績・制服・しつけ・施設環境 (家族に卒業生)／在校生がいる・その他（ ）

※この欄の記入は自由です。記入されても合否には一切関係ありません。

通っている塾の名前を記入してください。	
○○○○○○	

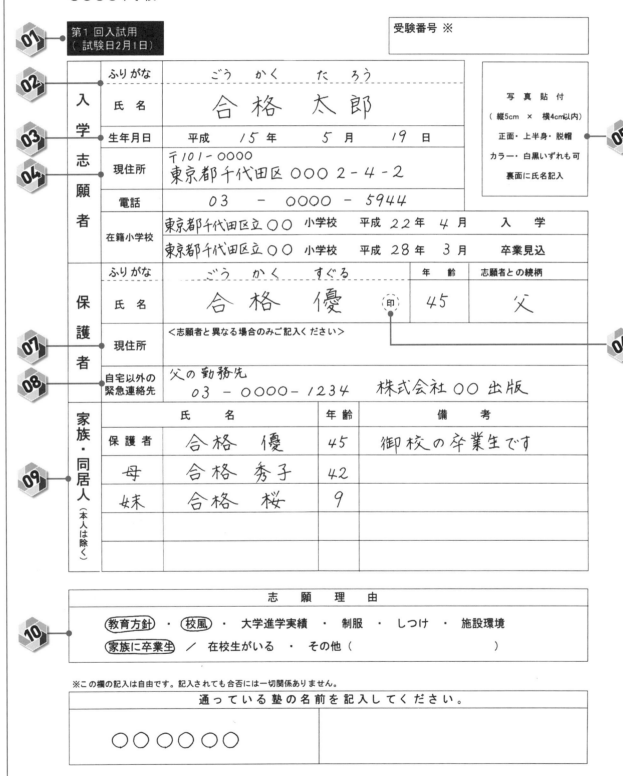

記入例B

志願者氏名	合格 のぞみ

11

校内活動	部活動	ミニ・バスケットボール部
	クラス・生徒会での役員名	学級委員（小4／小5） 児童会副会長（小6）
校外活動	出場・出品の大会名その成績	ミニ・バスケットボール K市大会準優勝（小5） 全国児童読書感想文コンクール入選（小6） 東京都下水道ポスターコンクール佳作（小5）
	学校生活以外の所属団体名および活動内容	「多摩川を守る会・少年少女部会」会員 地域のボランティアとして多摩川の自然を保持するために流域の清掃活動などを定期的に行っています。
趣味・特技・資格		ピアノ演奏 漢字検定３級（小５時に取得）

12

13

志望理由	小学校5年生のときから、本人が御校学校説明会やオープンスクールなどに参加させていただきました。そうした折りに在校生のみなさんに接し、「ぜひ、この学校で勉強してみたい」という強い希望をいだくようになりました。両親としても、先生方のお話をお伺いする過程で御校の教育方針に共鳴し、ぜひ娘にこうした良好な教育環境のもとで中学高校時代を過ごさせてやりたいと念願しております（母記入）。

記入例C

14

平成28年度〇〇〇〇中学校入学願書

第1回入試用 （試験日2月1日）

受験番号	

志願者	ふりがな	ごうかく たろう		写真貼付（縦5cm × 横4cm以内）正面・上半身・脱帽 カラー・白黒いずれも可 裏面に氏名記入
	氏名	合格太郎		
	生年月日	平成 15 年 5 月 19 日		
	現住所	〒101－0000 東京都千代田区〇〇〇 2-4-2 TEL 03（0000）5944		
	在籍小学校	東京都千代田区立〇〇 小学校　平成 28 年 3 月　卒業見込		
保護者	ふりがな	ごうかく すぐる	志願者との続柄	
	氏名	合格優 ㊞	父	
	現住所	<志願者と異なる場合のみご記入ください> TEL （ ）		
	自宅以外の連絡先	連絡先	氏名または勤務先（志願者との関係）	
		TEL・携帯 03 －0000－1234	〇〇出版（父）	
		TEL・携帯 090 －0000－5678	秀子（母）	
		TEL・携帯 － －	（ ）	

平成28年度

受験票

第1回入試用 （試験日2月1日）

受験番号	
氏名	合格太郎
平成28年1月　日受付	

入学試験時間割
1限 国語 8:45～ 9:35
2限 算数 9:50～10:40
3限 社会 10:55～11:35
4限 理科 11:50～12:30

受験上の注意
1. 試験当日この受験票をは必ず持参し、8時20分までに入室すること
2. 合格手続の際は、この受験票が必要が必要です。

〇〇〇〇中学校

11 校内活動

書ける範囲でかまわないので、できるだけ記入するようにしましょう。

12 校外活動

小１～小6までで該当する活動があれば記入しましょう。

13 志願理由

文章は枠からはみださず、なるべく枠を満たすように書きましょう。学校の先生が目をとおすものなので、文体は「です・ます調」にします。入学したい熱意を学校に伝えるべく、学校の教育方針についての共感や、説明会などで学校に足を運んだ際に感じた率直な気持ちを綴ってください。どう書けばいいかわからなくなってしまったときは、その学校のどのようなところがいいと感じたのか思いだしてみましょう。

14 切り取り

学校で受付処理がすんだら返却されます。絶対に自分で切り離さないようにしてください。

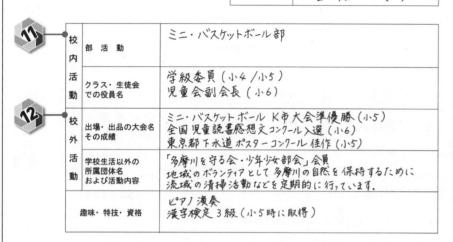

Check 04 記入例を見てみましょう！

複数の目で確認を！

記入後は、記入もれや誤字・脱字がないかよくチェックします。捺印もれが意外に多いので注意してください。記入者本人だけでなく、複数の人の目で確認することがポイントです。自分では気づかないまちがいが見つかるかもしれません。

コピーをとる

書き終えた願書は、コピーをとっておきます。面接がある学校では、願書の記入内容をもとに質問をする場合も多いです。学校ごとにどんなことを書いたのか、いつでも見返すことができるように、かならずコピーを手元に置いておきます。

学校ごとに保管

すべての書類がそろったら、１校ずつ封筒やクリアファイルに入れて保管します。学校ごとに分けておけば、紛失防止にもなり、確認も簡単です。わかりやすいように、封筒やファイルに学校名や受験回数を書いておくといいでしょう。

Check 05 いよいよ出願!!

出願の締め切り日、締切時間は入念に確認を！

願書を提出し
受験票が届いたら
あとは
本番を待つのみ！

出願パターン

窓　口

窓口に持参する場合に気をつけなければならないのが、休日の取り扱いや受付時間です。学校ごとに異なりますので、念入りに確認してください。窓口の場合は、その場で願書をチェックしてもらえます。記入もれがあった場合に備え、記入時に使用した筆記用具、印鑑も忘れずに持っていきます。また、持参時は、他校の名前が大きく書かれた封筒やクリアファイルを使用しないように注意してください。

郵　送

郵送では、締め切り日が「必着」なのか、「消印有効」なのかを事前によく確かめておきましょう。それによって出願可能な期間が変わってきます。締切直前であわてていたため、まちがって他校の願書を送ってしまった、ということのないように、余裕を持って早めに準備することが大切です。

中 高 専修大学松戸中学校・高等学校

専修大学松戸 高等学校・中学校・幼稚園 公式ロゴマーク

〒271-8585 千葉県松戸市上本郷2-3621 TEL.047-362-9102 http://www.senshu-u-matsudo.ed.jp/

平成28年度 中学入学試験

第1回1/20(水)〈定員100名〉

第2回1/26(火)〈定員30名〉

第3回2/3(水)〈定員20名〉

試験科目:3回とも4科目(面接なし)

※第2回入試の定員には、帰国生枠(若干名)を含みます。
なお、帰国生枠に出願の場合のみ、面接試験があります。
※詳細については募集要項をご参照ください。

中学校説明会(予約不要)

11/7(土)、12/13(日)

2日間とも10:00〜

ダイジェスト版 **1/10(日)14:00〜**

※ダイジェスト版は、初めて説明会を聞く方が対象です。

モバイルサイトは
こちらから▶▶▶
専松

自分で未来を切り拓く「新コース制」始動
真のグローバル人材となるための力を養う

2016年（平成28年）、目白研心中学校・高等学校は、「自分の人生を自分で切り拓ける人材を育てたい」という思いから、既存のコース制をより進化させます。グローバル時代を生き抜くための「主体性」を身につける、その仕組みとは一体どのようなものなのでしょう?

注目の1校

目《め》白《じろ》研《けん》心《しん》中学校

生きていく道を自分で選択する「自由と責任」を

これまでも、学習ペースや進学目標に適した環境で学べる3コースを設定していた目白研心中学校。入学時、「特別進学コース」か「選抜コース」に入り、中学3年次から「Super English Course（SEC）」を含めた3コースに分かれる仕組みでした。

なお、SECについては月刊誌『サクセス12』2015年7・8月号にて詳しくご紹介しています。

新コース制では、中学2年次までひとつのコースで学びます。国語・数学・英語の3科目は習熟度別授業を実施し、得意科目を伸長させます。そして同時に、コース選択に向けての進路指導を行います。中学3年次に、目標進路に合わせて「総合コース」「特別進学コース」「SEC」の3つからコースを選択し、1年間、自分で選んだ学習環境を経験します。

なぜ、このような仕組みに進化したのでしょうか。その理由について、長谷良一教頭先生は、「自分で選ぶという自由と責任を、生徒たちに経験してほしいからです」と話されます。

特徴は、コース選択のチャンスが2回あることです。中学3年次にトライアルとして「第一の選択」をし、高校1年次に正式な「第二の選択」をします。「最初の選択で、『やっぱり違う』と思うことがあるかもしれません。せっかく6年間あるのですから、一度失敗し、選び直すことも大切な経験です」と長谷教頭先生。

さらに高校2年次には文理選択を中心とした「第三の選択」を行い、進路希望の実現を目指していきます。

グローバル時代を生き抜く そのために必要な3つの力

グローバル人材の育成は、コースに分かれる前の中学1・2年次から始まります。目指しているのは、「コミュニケーション力」「問題解決力」「自己肯定力」の養成です。

「コミュニケーション力」を養成する取り組みのひとつとして、「表現技術」の授業があります。自分の考えを「なぜ」「例えば」の具体例や理由を交えながら、きちんと表現できるようにトレーニングします。

「問題発見解決力」の養成の要は、「セルフマネジメントノート」。その日に行った学習を記録し、振り返り、新たな目標を立て、実行します。「自分で気付きがあるからこそ、次の目標が立てられる」とのこと。

一方、セルフマネジメントノートは「自己肯定力」の養成にもつながります。担任が毎日チェックし、よいところを認め、ほめることで生徒の自己肯定感を高めるのです。また、「二人担任制」により複数の目で生徒を見守り、ほめるチャンスを逃しません。行事にも、表彰の機会など、「自己肯定力」につながる要素を積極的に取り込みます。

「3つの力を身につけ、自分で目標に向かい、人生を勝ち取っていくことがグローバル社会では必要です」と長谷教頭先生。目白研心中学校は、真のグローバル人材を育成するため進化し続けます。

長谷教頭先生による「表現技術」の授業。

School Data

所在地：東京都新宿区中落合4-31-1
電話：03-5996-3133
アクセス：西武新宿線・都営大江戸線「中井駅」徒歩8分、都営大江戸線「落合南長崎駅」徒歩10分、地下鉄東西線「落合駅」徒歩12分
URL：https://www.mejiro.ac.jp/

学校説明会
11月17日(火)10:30～
個別見学会
11月30日(月) 1月9日(土) 両日とも10:30～
入試体験 ※要予約
12月13日(日)10:30～

入試日程	
第1回	2月1日(月)午前
第2回	2月1日(月)午後
第3回	2月2日(火)午前
第4回	2月2日(火)午後
第5回	2月5日(金)午前

イチから教えます

面接試験のいろは

受験校に面接試験がある場合、必要以上に心配されるかたもいることでしょう。このページでは、面接の結果は合否にかかわるのか、どんな質問がなされるのかなど、面接の実際についてまとめています。これを読めば面接試験のことがよくわかり、そのような心配もなくなるはずです。ぜひご一読ください。

面接実施校は減少傾向 伝統的に行う学校も

客観的かつ公平な基準で合否を判断するため、中学入試は学力試験の得点によって合否が決定される場合がほとんどです。多くの受験生は複数の学校を併願しますから、そのたびに面接があると受験生の負担が大きく、また、面接があると他校の午後入試が受験できなくなる、などの理由から、近年、面接を実施しない学校が増えてきました。

しかし、すべての学校で面接が行われなくなったわけではありません。伝統的なポリシーとして、受験生全員に面接を課している学校も存在します。すでに受験校の面接の有無、重視の程度などは把握されていると思いますが、いま一度確認しておきましょう。

さて、各校が面接試験を行うのは、入学する前に学校をもっと知ってほしい、先生と実際にふれあってみてほしい、という理由からです。受験生と学校側が入学前に直接話すことで、教育効果を高めるねらいもあります。面接試験の結果をどれくらい重視するかについても、多くの学校では「参考程度」としています。また、面接時間は短くて5分、長くても15分程度です。けっして面接で合否を決定しようとしているわけではないのです。

なかには「重視する」としている学校もありますが、けっして多くはありませんし、そのような学校も、合否の結果に大きくかかわるのは学力試験の結果だといいます。

とはいうものの、人前で話すのが苦手だというかたや、面接は緊張してしまいそうだから受けたくないというかたはいるでしょう。でも、安心してください。面接官の先生は、これまで多くの受験生を見てきています。緊張している姿にも理解をしめしてくれるはずです。ですから、面接で失敗してしまいそうだから…という理由だけで面接がある学校を避けてしまうのは、非常にもったいない選択といえます。

面接官との会話を大切に 自分の言葉で話す

面接で聞かれる質問内容も気になるところです。各校によって内容は異なりますが、「志望理由」はほとんどの学校で聞かれます。なぜその学校を志望したのかという大切な質問ですから、自分の言葉で答えられるようにしておきましょう。その際、願書に記入した志望理由と異なる点

面接での質問例《受験生》

●名前と受験番号を言ってください。
●本校の志望理由を言ってください。
●家から学校に来るまでの経路を簡単に説明してください。
●この学校に以前来たことはありますか。
●きょうの筆記試験はできましたか。
●すべての入試が終わったらなにがしたいですか。
●この学校に入学したら、いちばんしたいことはなんですか。
●新しいクラスメイトがいるとして、自己紹介をしてください。
●本校のほかに受験している学校はありますか。
●長所と短所を教えてください。
●好きな科目と苦手な科目はなんですか。
●小学校生活で最も心に残っていることはどんなことですか。
●小学校で委員会活動をしていましたか。
●最近、気になったニュースはどんなことですか。
●最近、どんな本を読みましたか。
●あなたの尊敬する人物はだれですか。その理由も教えてください。
●あなたが大切にしているものはなんですか。
●将来の夢はなんですか。
●いままでで、いちばんうれしかったこと、悲しかったことはなんですか。
●お母さんの料理で、なにがいちばん好きですか。
●おうちで、あなたが担当しているお手伝いはありますか。それはどんなことですか。
●ピアノを習っているそうですが、好きな曲はなんですか（習いごとがある場合、それに合わせた質問になる）。
●（面接の待ち時間に「絵本」を渡されていて）絵本を読んだ感想と、その絵本を知らない人に内容を紹介してください。
●タイムトラベルするとしたら、だれとどの時代に行ってみたいですか。
●クラスでいじめにあっている人がいるとします。あなたはどうしますか。
●家でいちばん好きな場所はどこですか。
●地球に優しいことを具体的になにかしたり、心がけていることはありますか。

があっては大変です。面接前に確認できるように願書のコピーをとっておけば、異なる内容を話してしまったということにならずに安心です。

そのほかにもさまざまな質問がなされます。面接でよく聞かれる質問を上記にまとめましたので、ご覧ください。特別なことを聞かれるわけではなく、受験生の性格やふだん思っていることを聞かれるのだということがおわかりいただけるでしょうか。ご家庭でよく会話をしていれば、スムーズに答えられる質問ばかりだと思います。

面接で気をつけたいのが、用意してきた答えを話すことばかりに気をとられてしまうことです。頭のなかが準備してきた答えだらけになってしまっていると、面接官の質問を聞き逃してしまったり、質問が終わらないうちに答え始めてしまったりするかもしれません。万全な準備をしてのぞもうとする姿勢はすばらしいですが、あくまでもその場にいる面接官との会話を大切にしましょう。

また、話し方にも注意が必要です。語尾を伸ばし友だちと話すような話し方では、どんなにいい内容の回答でも、そのよさが半減してしまいますので、明るくハキハキとした話し方を心がけましょう。こうした話し方は、面接当日だけ気をつけようと思っても、つい癖がでてしまうでしょうから、ふだんから友だちや保護者と話す場合と、そのほかのおとなと話す場合とで、言葉遣いを区別するようにしましょう。敬語にも慣れておくと、面接でもスムースに使えるようになります。

塾に通っている場合は、模擬面接の機会もあると思いますので、面接の練習として、積極的に活用するのもいいでしょう。

姿勢や態度にも気を配ろう

面接試験では、話す内容だけではなく、面接中の態度や控え室の態度などもチェックされています。

面接時の入退室の仕方は学校によって異なりますが、基本的な動作を覚えておけば、どんな場合でも対応できます。ドアが閉まっている場合は、軽くノックをしてから入室します。部屋に入ったら一礼をしたあとイスの左側まで進み、面接官から「座ってください」などの指示があるまで座らないようにしましょう。面接終了後は再びイスの左側に立って一礼、出口で面接官に向かって再度一礼したあと、静かに退出します。最初からドアが開いていた場合は閉

イチから教えます

面接試験のいろは

面接での質問例《保護者》

- ●志望理由を教えてください。
- ●本校の印象はどうですか。
- ●本校のことを、どのようにして知りましたか。
- ●本校に来たことはありますか。
- ●本校を含めて、なぜ中学受験をお考えになったのですか。
- ●通学に要する時間（通学経路を含む）はどのくらいですか。
- ●お子さまの長所と短所をあげてください。
- ●お子さまの性格を教えてください。
- ●お子さまの特技はなんですか。
- ●お子さまの名前の由来はなんですか。
- ●どんなときにお子さまをほめますか。
- ●子育てでとくに留意されていることはなんですか。
- ●日ごろ、ご家庭でどんな話をしていますか。
- ●親子のコミュニケーションで気をつけていることはありますか。
- ●ご家族でお休みの日はどのように過ごしていますか。
- ●ご家庭でお子さまの果たす役割はどんなことですか。
- ●ご家庭で決めているルールはなにかありますか。
- ●（キリスト教主義の学校の場合）本校はキリスト教主義の学校ですが、そのことについては賛同していただけますか。
- ●お子さまの将来について、保護者としてのご希望はありますか。
- ●本校へのご要望はなにかありますか。

める必要はありません。

面接中の姿勢は、背もたれに背中がつかない程度に腰かけ、あごを引いて背筋を伸ばし、手は膝の上に置くのがベストです。手を不必要に動かしたり、周りをキョロキョロと見渡していると落ちつきがないように思われてしまいます。

控え室では、静かに落ちついて過ごしましょう。面接時の案内や注意が放送されることもありますので、聞き逃さないでください。面接後に控え室に戻った際も、まだ面接が終わっていない受験生のことを考えて、面接の内容を話したりせず、静かに行動しましょう。

面接試験がある場合は、服装について悩む保護者も多いようです。しかし、学校は服装によって受験生の印象が変わることはないと明言しています。むしろ面接のためにわざわざ服を着替える方が不自然です。お子さまがふだん着慣れている、清潔感のある服でかまいません。

それでもどうしてもほかの受験生と服装がちがうことが気になる場合は、男子はセーターにズボン、女子はブレザーにスカートという服装の受験生が多いようですので、このような服装でもいいかもしれません。

4パターンの面接形態

中学入試のおもな面接パターンは、次ページにあるように「受験生ひとりのみの面接」、「受験生のグループ面接」、「受験生＋保護者の面接」、「保護者のみの面接」の4種類です。

保護者面接がある場合は「自分のせいで子どもが不合格になるのではないか」、受験生といっしょに面接を受ける場合は、「回答した内容について子どもになにか言われたらどうしよう」とプレッシャーを感じているかたもおられるでしょう。しかし、保護者の面接も、受験生の面接同様、合否に直接つながることはありませんので安心してください。

また、入試要項に「保護者は1名でも可」という但し書きがあった場合は、その言葉どおりとらえてかまいません。つまり、「1名でもいいが、2名ならより好ましい」という意味ではなく、1名でもまったく問題ないという意味です。家庭の事情で、保護者がひとりであってもふたりであっても、学校側はまったく気にしません。

質問内容も、受験生の面接と同様、特別な質問がなされるわけではありません。

「その学校を志望した理由」や、「お子さまを育てられるうえでとくに留意なさっていること」、そして、「入学後の学校へ希望すること」などが多く聞かれるようです。

面接を行うことで、保護者の声を参考にしながら、学校と家庭とが協力して、お子さまの教育にあたっていきたいとの考えから、保護者のかたの意見を聞く機会を設けているのです。むずかしい回答を要求されているわけではありません。お子さんが入学する学校の先生たちと入学前に話すことができるいい機会なのだと前向きにとらえて、リラックスしてのぞんでください。

なお、保護者面接がある場合は、学校に提出する願書やアンケートなどの書類のコピーをかならずとっておきましょう。面接ではそれらの書類に記入した内容に関する質問がなされることもあります。学校ごとにきちんと整理して、前日にひととおり目をとおしておくようにしましょう。

パターン❶ 受験生のみ（個人面接）

中学入試で最も多いとされるのが、この個人面接パターンです。時間は3～5分程度と短めで、受験生ひとりに対して面接官は1～2名です。ひとりでのぞむぶん不安や緊張も大きいかもしれませんが、入室方法、イスの座り方などの基本事項を確認しておき、面接官の質問に落ちついてハキハキと答えられれば大丈夫です。

4パターン】

パターン❷ 受験生のみ（グループ面接）

受験生3～6名に対して面接官が2～5名で行われるのがグループ面接で、ひとりずつ順番に質問される形式が一般的です。なかには、挙手制で回答する形式や討論形式の場合もありますが、いずれにしても、ほかの受験生が答えているときは邪魔をせずにしっかりと耳を傾け、話すのは自分の番まで待ちましょう。

【面接形態

パターン③ 受験生&保護者

このパターンは受験生と保護者に対して、面接官は1～3名であることが多いです。保護者の出席はとくに指示がなければひとりで問題ありません。親子関係に着目される形式ですので、親子で答えが食いちがったり、お子さんへの質問に答えてしまわないように気をつけてください。質問をされた方が答えてくださいね。

パターン④ 保護者のみ

一般的に面接官は1～2名で、家庭の教育方針や学校の教育方針への理解などが質問されます。こちらもパターン3と同じく、指示がなければ保護者は1名で大丈夫です。保護者のみの面接中に受験生のみの面接も行われることが多いので、それぞれが異なる回答をしてしまわないよう、事前によく話しあっておくことが大切です。

開智未来中学・高等学校

開校5年目

高校2期生卒業

東京大ほか現役国公立合格率30％超

中高一貫1期生は2017年3月卒業。さらなる躍進に期待！

ハイクオリティーで世界水準の学びを実践

埼玉県さいたま市にある開智中学・高等学校の教育を受け継ぎ、「知性と人間を追究する進化系教育開発校」として、開校5年目を迎えました。

ハイクオリティーな教育の開発として、校長自らが6年間指導に当たる哲学の授業、中1の里山フィールドワークや中3の琵琶湖湖沼フィールドワークなどの環境未来学、未来型知性を育成するICT教育、コミュニケーション型知性を育む学び合い、東大ゼミなど知性を磨く早朝ゼミなどを実践しています。

また、グローバリゼーションをキーワードに、中2のブリティッシュヒルズ英語合宿、高2のワシントンフィールドワーク、希望者によるカリフォルニア大バークレー校へのリーダー養成研修、オーストラリアやニュージーランドへの海外教育研修など、豊富な海外経験を通じ、「国際社会に貢献するリーダー」を育てます。

さらに英語速読講座、アメリカの歴史の教科書を英語で学ぶ未来ゼミ、飛躍プログラム、英検対策などを該当学年や希望者に実施し、学校全体で「英語力アップ」に努めます。

「長野県飯山での里山フィールドワーク」

東京大ほか現役国公立合格率は30％超

中学と高校を同時開校した開智未来では今春高校入学2期生72名が卒業。東京大学・筑波大学（医）をはじめ、現役国公立合格率33％は埼玉県内トップレベルの合格率となりました。開智未来独自の教育と、大学受験に向けた熱い教師陣の指導、そしてなにより生徒たちが頑張った成果といえます。開智未来の中高一貫部1期生は2017年3月卒業。模試のデータなどから、さらなる飛躍が期待できます。

6つの授業姿勢を身体化する

6つの授業姿勢とは、①授業のねらいを確認する、②主体的にメモを取る、③授業に参加する・反応する、④明瞭な発声・発言・発表をする、⑤意欲的に質問する、⑥学習したことを振り返るです。

開智未来では「ねらい、メモ、反応、発

■平成28年度入試概要（インターネット出願を始めます）

	特選1	未来A	未来型	未来型B	特選2
試験日	1月10日(日)	1月11日(月)	1月12日（火）	1月12日(火)	1月19日（火）
集合時間	14：15		9：00	14：15	9：00
試験科目	2科のみ	2科・4科選択	基礎（計算・読解） 図形読解・課題総合	4科のみ	
試験会場	さいたまスーパーアリーナ 開智未来中学校 開智中学校		開智未来中学校	さいたまスーパーアリーナ 開智未来中学校 開智中学校	開智未来中学校
募集定員	T未来クラス5名 未来クラス15名 開智クラス10名	T未来クラス15名 未来クラス15名	T未来クラス若干名 未来クラス5名 開智クラス15名	T未来クラス10名 未来クラス20名	T未来クラス若干名 未来クラス15名 開智クラス10名

表、質問、振り返る」を暗唱して全員がすべての授業で生徒が意識して学び、教員が意識して授業を行っています。

また、生徒が伸びるためには「教わる」「自ら学ぶ」「学び合う」の3つの学びをバランスよく行うことが大切です。そこで、授業の中に「自ら学ぶ（思考させる）」と「学び合い」を適度に、適切に取り入れます。

■入試対策サプリ　～未来の入試の対策を練ろう～

日程	時間	内容	
11月23日（祝） 12月 5日（土） 12月20日（日）	9:30～	国算実践演習（生徒）	入試の傾向と対策を伝授！
		親サプリ・入試説明	保護者向けのサプリ・説明会
	10:20～	4教科入試問題解説	28年度入試の傾向・勉強方法のアドバイスを行います
	11:20～	小学生サプリ	「等身大の自分」を本番で発揮しよう！

※ 12月5日は、「未来型入試」対策を中心とした内容です。

関根校長の哲学の授業

開智未来では、関根校長自らが週1時間、「哲学」の授業を行っています。哲学は開智未来の教育の支柱となるよう、各教科の学習や行事などさまざまな教育活動と連動し、学びを統合化します。人間の生き方、価値、社会の課題等を幅広く扱い、開智未来が掲げている「貢献教育」の柱となります。

「人間が育つから学力が伸びる、学力が伸びるから人間が育つ」というサプリの考えに基づき、6年間を通して、「学びのスキル」や「人のために学ぶ志」を育てます。

校長は東京大学で教育哲学を学び、公立高校教員となり51歳で校長の職を辞して開智高等学校校長を2年間務めた後、開智未来中学・高等学校の校長となりました。

毎回の説明会で実施している「小学生サプリ」を体験し、「開智未来で校長先生の哲学を勉強したい！」という小学生も多くいます。

「関根校長自ら行う哲学の授業」

朝の学びは開智未来の文化

開智未来の生徒たちは自主的によく学びます。特に朝の始業1時間前には多くの生徒が登校しそれぞれ朝学習を始めます。

大教室の「アカデメイア」では関根校長と机をともに朝から独習する生徒たちが毎日100名以上集います。ルールは1つ、物音を一切出さないことです。

また校内にはオープンスペースの職員室があり、わからないことは気軽に先生に質問できます。廊下や玄関にも机があり、友達同士机を並べて学習する生徒たちや、「学びあい」をする生徒たちが集まります。

さらに、「東大ゼミ」・「未来ゼミ」・「英語速読講座」・「未来ゼミ」・「飛躍プログラム」などを関根校長と教科や学年が連携して実施し、「開智未来の朝」が始まります。

開智未来の説明会は小学生に大人気

開智未来では、「育てる生徒募集」という取り組みを行っています。入学前の説明会から「メモの取り方」や、「頭のよくなる勉強法」などを校長自らが「サプリ講座」として行います。今年も「小学生サプリ」・「親子サプリ」・「受験生の親サプリ」等を説明会参加者に体験してもらいました。今後も入試対策サプリで、アウトプット編の内容を準備しています。親子で参加する方が圧倒的に多いのが、開智未来の説明会の特徴です。「伸びたい生徒、伸ばしたい教員、伸びてほしいと願っている保護者の気持ちが1つになった学校」それが開智未来のスローガンです。

体調管理が合格のカギを握る!

入試本番まで残すところあと少しとなりました。ラストスパートの期間から試験当日まで、体調にはくれぐれも気をつけたいところです。しかし、これからの季節はちょっとしたことで体調を崩しやすくなります。そこで、入試直前期に気をつけなければならない病気や疾患についての知識・対処法をご紹介します。

医療法人社団裕健会理事長　神田クリニック院長　馬渕浩輔

No.1 インフルエンザ

例年12~3月に流行するインフルエンザは、受験生やそのご家族にとって最も避けたい病気です。

インフルエンザとは、インフルエンザウイルスによって引き起こされる病気で、A型、B型、C型、新型に分類することができます。A型、B型、新型は大きな流行を引き起こしますが、C型は軽症である場合がほとんどです。

インフルエンザと風邪との大きなちがいは、急激な発熱の有無です。インフルエンザは、38度以上の高熱に加えて、悪寒や激しい関節痛などの全身症状が見られます。適切に治療を行わないと1週間ほど熱がつづき、さらに悪化すると、さまざまな合併症を引き起こす可能性があるので注意が必要です。

治療するには?

潜伏期

インフルエンザの潜伏期は1~4日程度と言われています。発症から48時間以内に抗インフルエンザ薬を投与することで、症状を大きく改善でき、熱に関しては2~3日で下がることがほとんどです。もし急な発熱があったときは、なるべく早い時期に医療機関を受診するようにしてください。

もし発症から48時間を超えてしまったとしても、かならず医療機関を受診するようにしてください。強く症状がでている場合、受診先の医師が必要と判断すれば抗インフルエンザ薬を投与することもあります。使わなくても、症状を緩和するといった治療が中心となりますので、そうした場合も医師の指示に従いましょう。症状のうち、発熱やのどの痛みは、薬局などで購入できる市販薬で和らげることはできますが、それでは根本的な治療にはなりません。

そして、発症し、寝込んでしまっているときでも食事を欠かさないことがとても大切です。食事をしっかりとらなければ免疫力が低下し、結果的にウイルスを身体から追いだす力も弱くなってしまいます。

投薬

抗インフルエンザ薬としては「タ

ミフル」がよく知られています。以前、服用後の異常行動や副作用などで問題となったことがありましたが、若い人のインフルエンザ治療には、現在ではタミフルよりも吸入タイプの「イナビル」や「リレンザ」といったものが主流です。

2009年から使われるようになったイナビルは、1回吸入すればいいというものです。リレンザは5日間吸入しなければならなかったのですが、イナビルだと1度ですむうえに、吸入も中学受験をする小学生であれば、問題なくできるものです。これまでのところ、副作用についての大きな報告もとくにないため、イナビルを使うことが多くなっています。

予防ワクチン

インフルエンザの予防に最も効果的とされているのがワクチンの接種です。このところ、A・B・新型の3種混合のワクチンを接種することができますので、新型に対して改めて接種する必要はなくなっています。ただ、13歳以下のお子さんに関しては免疫力が低いため、2回打つ必要があります。

これまで3価（A型2株、B型1株）であったワクチンが、今シーズン（2015～2016年）から日本でも4価（A型（ソ連型・香港型）、B型（山形系統・ビクトリア系統））のインフルエンザワクチンが使われることになりました。

これにより、流行するインフルエンザのタイプをかなり網羅することができるようになります。

近年は抗ウイルス薬に耐性を持ったインフルエンザウイルスが出現しています。

このような状況からも、インフルエンザの予防接種を受けることをおすすめします。

また、ワクチンは接種してから効果がでるまでに約2週間、そして有効期間は約5カ月と言われています。そうしたことから、受験予定のご家庭では、年内のできるだけ早いうちに1回目を打ち、年が明けた1月に2回目を打つのがよいでしょう。

完治の目安

インフルエンザは、完治までに原則的には発症翌日から7日間、そして解熱後2日間かかるとされています。発症したあと、早めの処置で抗インフルエンザ薬を使用することで、2～3日で解熱でき、その後、関節の痛みもとれてきます。だからといって、それで全快と考えて気軽に外出することは控えるべきでしょう。なぜならば、イナビルなどの抗インフルエンザ薬を使用すると、ウイルスは急速に減りますが、けっして「ゼロ」になるわけではないからです。菌はまだ残っているため、その状態で外出すると、インフルエンザの菌を外にまき散らすことになります。

ここに気をつけて！

インフルエンザによる高熱を下げようとするときに気をつけなければならないのが、ロキソニンやアスピリンなどの解熱剤をお子さんに投与することです。副作用として、脳症など脳の問題を引き起こす場合があります。絶対にしないようにしてください。どうしても解熱剤が必要であれば、その際は医療機関の診断を受けて、アセトアミノフェン（商品名：カロナール）などの薬を処方してもらいましょう。

風邪

RSウイルスやアデノウイルス、ライノウイルスなどの感染症を総称して「風邪症候群」と呼びます。これがいわゆる「風邪」です。おもな風邪の症状としては鼻水、鼻づまり、咳、痰、のどの痛みなどがあります。インフルエンザとはちがって、発熱してもそこまで高熱にはなりませんので、１週間以上そうした症状がつづくようであれば、別の病気の可能性がでてきます。

こうしたウイルスのなかでも、最近はRSウイルスが流行しています。

小さなお子さまがRSウイルスにかかると、ときとして重症化することがあります。受験生ぐらいの年齢になればあまり重症化はしませんが、咳や発熱がひどいときは医療機関を受診しましょう。

風邪は、インフルエンザとちがって抗ウイルス薬はありません。自然に治ることがほとんどです。風邪にかかってしまった場合は、身体をよく休め、睡眠と食事（栄養）をきちんととることが大切です。また、脱水症状には気をつけましょう。水分補給を忘れないようにしてください。

No.3 マイコプラズマ 肺炎・百日咳

風邪と思っていても、咳が１～２週間つづくようであれば、マイコプラズマ肺炎や百日咳の可能性が疑われます。

このようなときは、医療機関で診察を受けるようにしましょう。

乾いた咳がつづくのがおもな症状ですが、微熱をともない、それが長引くことも。悪化すると、肺炎や髄膜炎を起こす場合もあると言われていますから、やはり注意が必要です。

No.4 ウイルス性腸炎

この時期はノロウイルス、ロタウイルス、アデノウイルスなどのウイルスが原因となって引き起こされるウイルス性の腸炎にも要注意です。

急激な吐き気、おう吐、腹痛、下痢などがおもな症状です。

なかでも有名なノロウイルスは、カキなどの二枚貝に存在すると言われています。

しかし、貝類を食べなければ大丈夫、というわけではないので注意してください。こうしたウイルスは吐物や便器、水道の蛇口などに付着していることが多いため、

このような場所をつねに清潔にしておくことが予防につながります。

風邪についてもっと知ろう

Q：市販薬でどの程度まで大丈夫なのでしょうか。

A：鼻水、咳、痰がでる程度であれば、市販薬でも最初は問題ないでしょう。ただ、2、3日使っていても症状が改善しないときは、医療機関を受診した方がよいでしょう。

Q：病院で病気に感染することもあると聞きました。

A：小児科にはこれからの時期、多数の患者さんが来院しますので、やはり待合室で感染するということもありえます。
ですから、かなりの高熱だったり、インフルエンザが明らかに疑われるようなときは、まず小児科に連絡して、どういう対策を取った方がよいか相談するのがいいでしょう。また、いずれにせよ、医療機関に行く際は、まず電話をしてみることをおすすめします。感染予防だけではなく、待ち時間の問題があるからです。こうしたことも医療機関ごとにちがいがありますので、一度は連絡をとってみてください。

Q：お風呂には入れますか。

A：高熱の場合は避けた方がよいですが、絶対に入ってはいけないということはありません。37度程度の微熱であれば、清潔にするという観点からも、汗を流したりするためにお風呂に入ってもかまいません。ただ、長風呂にならないように気をつけましょう。

Q：どれぐらい水分はとるべきですか。

A：脱水症状を起こさないためにも水分補給は欠かせません。お子さんの尿の回数が減ったり、尿の色が濃くなってきたら要注意。脱水を起こしている可能性がありますので見落とさないように注意しましょう。発熱がある場合は、水だけで少なくとも1日に1.5Lはとりましょう。

いまから始める予防法

紹介してきた病気のうち、インフルエンザや風邪は、ウイルスが飛んでくることで感染（飛沫感染と言います）します。そうした病気の予防には、できるだけくしゃみや咳を直接浴びないようにすることが重要です。学校や電車などの公共交通機関をはじめ、人が多くいるところで感染することが多いので気をつけましょう。

予防法1 手洗い

外ではどうしてもいろいろなものを触るため、手指に菌がつくのを防ぐことはできません。そのぶん、手洗いをする際に指や手のひらといった大きな部分だけではなく、指と指の間なども忘れずきちんと洗うことが大切です。

予防法2 うがい

うがい用に、イソジンなどさまざまなうがい薬が市販されていますが、これらを使わなければいけないということはなく、じつは真水でもじゅうぶん効果があります。いずれにせよ、帰宅時にはうがいをする習慣をしっかりとつけましょう。

予防法3 マスク

ウイルスはとても小さく、マスクの穴をとおる場合もありますが、直接飛沫を浴びることを防げます。また、インフルエンザウイルスは乾燥しているところを好むため、マスクをすることでのどの湿度があがり、その予防にもなります。

予防法4 加湿

のどや鼻の粘膜が乾くと、ウイルスなどを防ぐ身体の働きが弱まってしまいます。この季節はとくに空気が乾燥しますから、加湿機を使ったり、水を張ったり、室内に洗濯物を干したりと、ご家庭で工夫して加湿をしましょう。

予防法5 タオルの共有は×

ご家庭でうがいや手洗いをしたあとに使うタオルの共有はやめましょう。ペーパータオルや、それぞれでタオルを用意したりして使うようにしましょう。なぜなら、タオルを共有することによって家族内で感染する危険性があるからです。

寮生活もしっかりサポート!!

早稲田大学系属

早《わ》稲《せ》田《だ》摂《せつ》陵《りょう》中学校

1962年（昭和37年）に開校し、2009年（平成21年）に近畿圏では早稲田大学唯一の系属校となった早稲田摂陵中学校。早稲田大、国公立大、難関私立大（GMARCH）などを目標に、6年後を見据えた教育カリキュラムを実施しています。さらに今年度からは生徒それぞれの希望進路に対応できるコース制をスタート。また、寮を完備しており、首都圏をはじめ、全国から生徒が集まっているのも大きな特色です。

早稲田摂陵中学校（以下、早稲田摂陵）は、2009年（平成21年）に早稲田大学の系属校となり、摂陵中学校（以下、摂陵）から校名を変更しました。

摂陵時代から「入学後に伸びる学校」として、国公立大や関関同立（関西学院大、関西大、同志社大、立命館大）を中心に、優秀な大学合格実績を誇ってきた早稲田摂陵ですが、早稲田大の系属校となったことで、さらに進路選択の幅が増えました。現在、早稲田大学への推薦枠は約40名、また、全国の大学への指定校推薦枠も500名を超えます。

首都圏以外では、早稲田大学の系属校は早稲田摂陵と佐賀にある早稲田佐賀中学校高等学校しかありません。そんな早稲田摂陵は、生徒寮を完備しており、全国から生徒が集まりつつあります。

寮生を見守る「新清和寮」

生徒寮「新清和寮」は、寮生一人ひとりの生活をしっかりと見守り、手助けできるスタッフが常駐しています。

中学生は相部屋（最大4人まで）で、共同生活を送りながら学校に慣れ、友だちをつくっていくことができます。高校生は勉強に集中できるよう、個室で暮らすことになります。食事も、3食とも栄養士によるバランスのとれたメニューが提供されます。

勉強面では、自習室を使うこともできます。寮生ひとりずつに自習ブースも割り当てられており、いつでも利用可能です。さらに専属のスタディーマスターが夜まで駐在しており、毎日夜に設けられている2時間の全体学習タイムでは、スタディーマスターの指導を受けながら、効率的に勉強に取り組むことができるのが特徴です。

首都圏から受験する場合、寮生活についての心配が出てくるかもしれません。しかし、サポートスタッフの手厚いフォローと恵まれた環境、そして何より、寮生同士が全国から集まってくるため、寮生活に慣れていくのに時間はかかりません。

また、保護者との6年間を通じた「共育」連携を早稲田摂陵は意識しており、学校と保護者、保護者同士が情報を共有できる体制を整えています。教科別に担当教員と懇談でき

School Information

所在地	大阪府茨木市宿久庄7-20-1
TEL	072-640-5570（入試広報部）
URL	http://www.waseda-setsuryo.ed.jp/
アクセス	大阪モノレール線「彩都西駅」徒歩15分、阪急線「茨木市駅」、「北千里駅」、「石橋駅」、JR線「茨木駅」、北大阪急行線・大阪モノレール線「千里中央駅」スクールバス

❶新清和寮
❷寮生一人ひとりに席が割り当てられている自習室
❸広々としている食堂
❹寮生同士でくつろげるスペースも

る場や、保護者交流会を実施し、生徒の学校生活の記録も共有します。Webを利用した情報共有も行っています。

成長段階に応じた学習プログラム

早稲田摂陵では、中高一貫の6年間を第1〜3期の3つに分け、成長段階に合わせた効率的な学びの実現を企画しています。

第1期（中1〜中2）は「心と身体を鍛える2年間」です。中学からの伸びしろを高めるために、学力向上の土台となる力を養っていきます。

第2期（中3〜高1）は「仲間とともに夢と学力を育む2年間」。ここで数学と英語の学力を基に、「S特進（仮称）」と「特進（仮称）」の2コースに分かれます。どちらのコースもカリキュラムは同じですが、S特進は発展問題や演習問題を多く取り入れ、特進は知識定着の徹底など、生徒個々に合わせた指導が行われます。

そして第3期（高2〜高3）は「より高い志望校を確実とする2年間」として、第2期からさらに具体的に進路に応じたクラスに分かれていきます。クラス編成は選抜クラス（難関国公立大、早稲田大）、理系クラス（早稲田大、国公立大、GMARCH）、文理クラス（早稲田大推薦、国公立大、GMARCH）、文系クラス（国公立大、GMARCH）、特進コース（GMARCHなど難関私立大）の5つです。生徒個々の希望進路を叶えるべく、それぞれのコースで効果的な授業・演習を行い、大学受験に向かいます。

全国からの受験生を受け入れる体制が整っており、早稲田大への推薦以外にも多種多様な進路の実現が可能な早稲田摂陵中学校・高等学校。首都圏でも入試説明会や個別相談会を実施しており、もちろん受験も可能で、今後、さらに近畿圏以外からの受験生が増えていきそうです。

2016年度首都圏入試情報

【中高入試説明会】早稲田大本部キャンパス
要予約
11月29日（日）　10:00〜15:00（プレテスト開催）

【中高入試個別説明会】早稲田大本部キャンパス
要予約
12月20日（日）　10:00〜15:00

【首都圏入試】
1月16日　早稲田大学所沢キャンパス、横浜河合塾　4科目
2月 7日　早稲田大本部キャンパス　2科目

「入試当日の声かけ」実例集

「試験の当日はどんな声かけをしたらいいのでしょうか」。その答えは、お子さまの性格を最もよくわかっておられるお父さま、お母さまご自身がいちばん知っておられるハズなのですが、ここでは、これまでの先輩パパ、ママたちがどんな「声かけ」をしてきたのかをもとに、どんな言葉を受験生にかければ効果的なのか、を考えてみます。

いつもと変わらぬ家族のムードをそのまま

受験の朝、最も大切なことは、お子さまがリラックスし、いつもどおりの調子で入試会場に向かうようにすることです。

ですからご家族は、ふだんと同じようにご本人と接してあげることがとても大切です。

持てる力を発揮できることを信じて、温かく送りだしてください。

さらにいえば、「よし、やるぞ」「大丈夫だ！」と自らモチベーションを高めて、志望校の門をくぐってくれれば、「その朝」は成功です。

試験の日だからといって、特別にちがったことをしたり、朝からごちそうだったりする必要はありません。そんなことをすれば、受験生はかえって緊張してしまうでしょう。

では、お子さまのリラックスのために、自宅を出る前や、校門前で受験生がひとり会場に向かう直前に、親は子どもにどんな言葉をかけたらよいのでしょうか。

試験にはお母さまがついていき、お父さまは仕事に、というかたちとなるご家庭なら、お父さまは玄関で、「いつもどおりにな」のひと言でよいのです。

入試会場で別れるときのお母さまにしても、「がんばれ」の言葉よりも、満面の笑顔で「大丈夫よ」と言ってあげた方がどんなに力になるかわかりません。

お子さまは、赤ちゃんのときからご父母の笑顔に誘われ、「安心」を身体全体で感じて、笑顔を返してくれましたよね。

小学校6年生になっても同じです。互いの笑顔がお子さまのリラックスを呼び、いつもと変わらない精神状態で試験に向かわせることができるのです。そのやりとりは、これまでの12年間、親子のきずなとなってお子さまの身にしみついています。身体で心で、それを思い出させてあげれば、それでよいのです。

では具体的には、どんな言葉をかけてあげたらよいのか。それぞれのお子さまに合った言葉があるはずです。まずはそれを考えましょう。

「試験問題を楽しんできてね」という「声かけ」をしたかたもおられます。「大丈夫、これまであなたはがんばってきたのだから」と声をかけたかたもいます。「ここで待ってるからね」という言葉で安心感を与えたかたもいらっしゃいます。

親子が別れるのはどこか事前に知っておくこと

さて、入試当日、保護者がどこで受験生と別れることになるのかは、学校によってちがいます。

心の準備が足りず、いつのまにか別れてしまい、声をかけられず、子どもの背中しか見られなかった、というのではお父さま、お母さまにも悔いが残ります。

その志望校の先輩受験生や塾の先生に、どこで親子が別れることになるのか、を聞いておくにこしたことはありません。

あわてていると「言葉足らず」になりがちで、保護者にとっても心残りにもなります。

さて、そのときかける言葉はどん

「入試当日の声かけ」実例集

なものになるでしょう。イメージできてきましたか。

「がんばってね」「しっかりー」「ベストをつくせばそれでいいのよ」など、短い言葉しかかけられないかもしれませんが、心がこもっていればそれでいいのです。

お子さまの心には、じゅうぶん響くはずです。

満面の笑顔がなによりの贈りもの

そのとき、お父さま、お母さまは、会場に向かうお子さまの背中を、どのような思いで見送られることでしょうか。まだ合否がでているわけでもないのに、この2年、そしてこの1年、さらにこの1カ月のお子さまの努力や、ともにした苦労が、まさに走馬燈のようにめぐって、目頭が熱くなることもあるでしょう。

お子さまの成長をしっかりと感じとれる瞬間でもあります。もう胸がいっぱいです。

結局は結果はどうあれ、「きょう、すべてをだしきってきなさい」という思いを笑顔にこめましょう。それが声かけの究極の極意です。

そして、入試を終えて、待ち合わせ場所に現れたお子さまがどんな表情をしていようと、また、満面の笑顔で迎えてあげてください。

試験中のアドバイスは前日のうちにすませる

さて、当日の「声かけ」に、試験会場でのアドバイスをしたお父さま、お母さまもおられます。

「いつもどおりにやるのよ」

「まず問題全体を見て、やさしい問題からやるのよ」

「むずかしい問題はあとまわしよ」

「むずかしいと思う問題は、ほかの子にとってもむずかしいのさ」

「最後の最後まで絶対に諦めちゃダメ」

「ひとつの科目で失敗しても、つぎの科目でがんばればいいからね」

「休み時間に友だちが話しかけてきても、終わった問題のことは話をしないようにね。つぎの科目のことを考えなさい」

「満点はいらないのよ。60%の正解でじゅうぶんなんだから」

などといった言葉かけです。

しかし、これらのすべてを当日にアドバイスするのは無理です。せいぜいこのうちのひとつしか言葉にできないのではないでしょうか。

あまりにたくさんの細かなことを声にすれば、受験生本人にプレッシャーをかけてしまうことにもなりかねません。

だとすれば、試験に際して注意すべきこのようなことは、前日の晩にでも互いに確認しながらアドバイスしておき、当日の別れ際には、そのうちのひとつを口にすれば、昨夜注意しておいたことがお子さまの胸にすべてよみがえるはずです。

これらのことは、お子さまがこれまでの模擬試験などで失敗したことを参考に箇条書きにしておけばよいと思います。

その例をあげておきます。

◇

①受験票の番号を確認しながら、受験番号を記入すること。

②試験官の「はじめ、やめ」の指示に確実に従うこと。

③消しゴムや鉛筆を落としたときには、手をあげて指示を受けること。

④机の上には、必要なものだけ置くこと。

⑤最初の1～2分間、問題にざっと目をとおし、できると思った問題からやること。

⑥それぞれの問題にかける時間を配分してから、問題を解き始めること。

⑦落ちついて問題を読み、どのような条件があり、なにを求められているのかがわかってから解き始めること。

⑧条件や求められていることに線を引いたり、印をつけること。

⑨わからないと思ったら、すぐに気持ちを切り替えて、別の問題に移ること。

⑩1問終えるごとに時計を見て進みぐあいを確認し、時間配分のやり直しをすること。

◇

考えれば考えるほどたくさんのアドバイスができてしまいますが、前日に頭に入れておけば、当日はこのうちのひとつだけ「声かけ」すればよいのです。

ある受験生は、受験当日、お母さまに「落ちついて問題をよく見直してね、と言われていて、試験の途中で問題読み取りのまちがいに気づきました。感謝しています」とアンケートにメモしてくれました。

入試当日までできたら、もう、やるべきことはすべて終えています。あとは「なにが起きても大丈夫」とデンと構えて、お子さまを送りだしましょう。

読めばスッキリ！

試験当日のお悩み解決室

試験本番まであと少し。徐々に緊張感が高まってきたのではないでしょうか。それにともなって、試験に関する悩みがいろいろとでてくると思います。これを読むことで、そうしたお悩みを解決して、すっきりした気持ちで試験本番にのぞんでください！

Q1 受験生にとっていいのは夜型ですか？　朝型ですか？

A 断然朝型です。夜型の人は少しずつ朝型に変えていきましょう

一般的に、脳が活発に働き始めるのは、起床３時間後と言われています。ですから、夜型の生活を送っていて無理に早起きをするとなると、頭がじゅうぶんに働かない状態で試験にのぞむことになってしまいます。

そこで、試験開始時間から逆算して、３時間前くらいには起きていたいものですが、試験当日だけ早起きしても睡眠不足で思うように実力が発揮できないでしょう。そうした事態を防ぐためにも、朝型の生活を送ることが大切なのです。すぐに生活習慣を変えるのはむずかしいでしょうから、いまから少しずつ就寝時間を早めていきましょう。そして、起床時間も早めていき、朝型の生活にシフトしていくのです。遅くとも冬期講習が始まるころには朝型の生活に慣れていたいものです。

Q2 乗る予定の電車が遅延していたらパニックになってしまいそうです。

A まずは落ちつきましょう。電車の遅延は学校も対応してくれます

試験会場への交通手段は電車やバスなどの公共交通機関を利用するのが一般的です。これらの公共交通機関の運行ダイヤが悪天候などによって乱れた場合、試験に遅刻してしまうのでは…と焦ってしまうと思いますが、まずは落ちつきましょう。各校とも別室で時間を繰り下げて受験させてくれるなど、適切な対応をしてくれますから、駅員が配っている遅延証明書を受け取り、試験会場へ持っていけば大丈夫です。

試験当日は少し早めの時間に家をでるようにすれば、このような場面に遭遇しても、焦ることなく試験会場へ向かえます。目安として、集合時間の30分前くらいに着くようにするといいでしょう。時間に余裕があれば、心にもほどよい余裕が生まれますよ。

Q3 少しでも負担を減らしてあげようと車での送迎を考えているのですが…

A 自家用車での送迎は避け公共交通機関を利用しましょう

少しでも負担を減らすために「車で学校まで送ってあげたい」「同じ学校を受ける友だちがいるから、その子もいっしょに乗せていってあげよう」などと考える保護者のかたもいることでしょう。しかし、試験当日の自家用車での送迎は避けるべきです。

まず、ほとんどの学校が「車での登校は控え、公共交通機関を利用してほしい」ということを事前に告知しています。また、Q2で述べたように、公共交通機関の遅れに対応する学校は多数ありますが、自家用車での遅れは遅延理由として認められない場合があります。送迎中に交通渋滞に巻きこまれてしまったりすれば、受験生の精神面にも悪影響をおよぼしかねません。くれぐれも自家用車での送迎は控えましょう。

Q4 試験には親がついていくのですか？　それとも受験生ひとりで行くのですか？

A 可能であれば保護者がつきそって登校してください

試験当日は慣れない交通機関を利用しますし、乗った電車が遅延してしまうこともあるでしょう。場合によっては身動きがとれないほど満員の電車に乗ることもありえます。もちろん受験にあたって、さまざまな不安を感じているとも思います。そんなとき保護者のかたがいっしょに会場に向かってくれればどんなに心強いことでしょう。試験も安心してのぞむことができるはずです。

中学生になればひとりで登校することになりますが、入試のときはまだ小学生です。周りは保護者同伴なのに、自分だけがひとりで登校している…という状態も心細いでしょうから、お子さまがリラックスしていつもどおりの力を発揮できるよう、いっしょに登校してあげるのがベストです。

Q5 健康管理を万全にしていたのに当日体調不良になってしまったら…

A 多くの学校では保健室などの別室で受験することができます

どのご家庭でも入試に向けて、念には念を入れて体調管理をしていることでしょう。

それでも残念ながら、当日体調を崩してしまった受験生のために、ほとんどの学校では保健室などを別会場として用意しています。また、ほかの受験生に影響があると判断された場合も、別室での受験をすすめられることもあります。

別室で受験したからといって、合否に影響がでたり、試験時間が変更になったりと、ほかの受験生に比べて不利になることはありません。一般の入試を受けたときと同じように評価されるので安心してください。ですから体調が思わしくないときは、無理をせずその旨を先生に伝えましょう。

Q6 休み時間に友だちと試験について話してもいいですか？

A 休み時間はひとりで気持ちを落ちつける時間として使いましょう

友だちと同じ学校を受験していた場合、つい終了した試験の内容について話したくなってしまいますよね。会話することでリラックスできる部分もあるでしょうが、もし、解答が異なっていたり、自分が解けなかった問題を友だちは解けていたり…ということになれば、かえって気持ちが動揺してしまいます。

その科目の試験が思ったようにできなくても、合否は１科目で判断されるわけではありません。休み時間はつぎの試験に向けてひとりで落ちついて気持ちを切り替える時間として使いましょう。

また、休み時間にトイレに行っておくことも大切です。トイレは混むことも多いので、できるだけ早めにすませておくことをおすすめします。

Q7 お弁当はいつも以上に豪華なものをつくろうと思っているのですが…

A 緊張で食欲がないこともあるので食べきれる分量でつくりましょう

お昼の休憩をはさんで、午後も試験を実施する学校もあります。少しでも元気をだしてもらおうと、ふだん以上に豪華なお弁当をつくりたい、という保護者のかたのお気持ちはよくわかります。しかし、受験生は極度の緊張感を持って試験にのぞんでいますから、食欲があまりないということも考えられます。せっかくつくってくれたお弁当を残してしまうのは受験生も心苦しいでしょうから、ふだんと同じ分量か、ふだんよりも少なめの分量の食べきれるサイズのお弁当が好ましいでしょう。食材も胃もたれを起こさないような、消化のよいものがおすすめです。

お弁当のほかに、温かい飲みものが入った水筒もあると、身体も温まりますよ。

Q8 受験生につきそって登校した場合試験中はどこにいればいいのですか？

A 多くの学校では控え室がありますが待ち合わせ場所を決めておくと◎

多くの学校では、受験生といっしょに登校した保護者のために、試験終了まで待機できる保護者用のスペースや控え室を設けています。試験開始から終了まで長時間待つことになりますから、本を持参するなどして、あらかじめ待ち時間を過ごす準備をしておきましょう。

一方、寮が完備されている地方の私立中学校の首都圏入試は、シティーホテルなどを会場として使用するため、そのような控え室が用意されていない場合が多くあります。また、公立中高一貫校の入試では、受検者の保護者の数に対して用意された控えのスペースが狭く、全員が入りきらないということもあるようです。そうした場合に備えて、試験終了後にどこで待ち合わせるか、事前にお子さんと話しあっておくと安心です。

Q9 午後入試はメリット・デメリットどちらが大きいですか？

A ひと口にどちらが大きいかは言えませんので個人で判断を

まず、午後入試のメリットは、午前に1校、午後に1校と、1日のうちに2校を受験できる点です。午後入試を導入する学校が増加傾向にあることからも、そのニーズが高まってきていることがうかがえます。

一方、午後入試は体力的にも精神的にも負担が大きいということがデメリットとしてあげられます。1日に2校受験するということは、慣れない公共交通機関での移動、これまで体験したことのない試験本番ならではの緊張感…これらの疲れが2倍のしかかるということです。

つまり、メリット、デメリットどちらが大きいかというのは一概には言えません。午後入試の向き・不向きは人によって異なりますので、チャレンジできるかどうかは受験生本人とよく相談してください。

Q10 試験のできが悪かったようで子どもが泣いて帰ってきました

A お子さんの心に寄り添いながら明るく励ましてあげてください

お子さんが本番で実力をだしきれず、試験に失敗したと落ちこみながら帰ってきたとします。がんばってきた姿を見てきたからこそ「模試の成績はあんなによかったのに…」というネガティブな言葉をかけてしまったり、「どうしてできなかったの？」と責める口調になってしまったりするかもしれません。でも、これは絶対にやめてください。お子さんの悲しむ姿を見ると保護者自身も落ちこみそうですが、そこをぐっとこらえて「結果はまだわからないよ」といったポジティブな言葉で明るく励ましましょう。試験のできが悪かったことでいちばん落ちこんでいるのは受験生本人です。受験生が少しでも軽い心でつぎの試験にのぞめるように温かく見守ってあげてください。

Q11 試験当日の夜、つぎの試験の勉強をしてもいいですか？

A 疲れを回復することが先決。勉強する場合は最小限にとどめて

首都圏の中学入試は、2月1日から連続して入試がつづく特徴があります。そのため、つぎの試験に向けて勉強をがんばりたいという人も多いと思います。しかし、自分で思っている以上に、試験を終えた心と身体は疲れています。そのまま勉強を始めれば、疲れがどんどん蓄積していってしまいます。まずはゆっくりと心と身体を休め、気持ちをリフレッシュさせましょう。

どうしても勉強したい場合は、気になるところを軽く確認するなど、負担にならない程度にしておきましょう。また、試験がうまくいかなかったときは、必要以上に終えた試験の復習に時間を割きがちですが、それもおすすめできません。気持ちを切り替え、つぎの試験の準備をするのが、試験当日の夜のベストな過ごし方です。

Q12 試験当日の夜の合格発表は見るべき？　見ないべき？

A つぎの試験に影響がでないように心がまえを

ホームページで試験当日の夜に合格者を発表する学校が年々増えてきています。合格発表は気になるものですから確認してもいいですが、つぎの点に注意しましょう。

たとえば、合格していた場合、興奮のあまりなかなか寝つけず、翌日の試験を睡眠不足で迎えてしまったり、不合格だった場合、気持ちが落ちこんでしまい、試験に対してネガティブなイメージを持ってしまったりと、どちらの結果にせよ、それ以降の試験に影響がでてしまいがちです。大切なのは、合格発表の結果に一喜一憂せず、どんな結果だったとしても、「終わったことは終わったことだ」とつぎの試験に向けて気持ちを切り替えることです。発表を見る場合は、そのことを肝に銘じておいてください。

Q13 受験票を忘れてしまったときの対処法を教えてください

A 取りに戻れば遅れそうなときはそのまま学校へ向かいましょう

受験票を忘れたからといって、不利益なあつかいを受けたり、それが合否に関係することは絶対にありません。それよりも、あわてて取りに戻って、試験に遅刻してしまう方が印象が悪くなります。出発後すぐに気づいた場合は取りに帰ってもいいですが、すでにある程度進んでいる場合は、そのまま試験会場へ向かいましょう。ほとんどの場合、係の先生に申し出れば受験が認められます。受験票は入試においてとても大切なものなので、「忘れるはずがない」と思うかたもいるでしょう。しかし、複数の学校を受験する場合など、他校の受験票とまちがえて持参してしまうということも考えられます。用心するにこしたことはありません。左ページの「忘れものチェックリスト」を活用しながら、万全な準備をして試験にのぞんでください。

月　　日(　)

中学校用　　受験番号

項　目	必要	チェック	備　考
受験票			他校のものとまちがえないこと
筆記用具			鉛筆・ＨＢを６～８本。鉛筆をまとめる輪ゴム。小さな鉛筆削りも。シャープペンシルは芯を確認して２本以上
消しゴム			良質のものを３個。筆箱とポケット、カバンにも
コンパス			指示があればそれに従う
三角定規			指示があればそれに従う
下じき			ほとんど不要。持っていくときは無地のもの
参考書・ノート類			空いた時間のチェック用。お守りがわりにも
当該校の学校案内			面接の待ち時間に目をとおしておくとよい
メモ帳			小さなもの。白紙２～３枚でも可
腕時計			電池を確認。アラームは鳴らないようにしておく
弁　当			食べものの汁が流れないように。量も多すぎないように
飲みもの			温かいお茶などがよい
大きな袋			コートなどを入れて足元に
ハンカチ			２枚は必要。雨・雪のときはタオル２枚も
ティッシュペーパー			ポケットとカバンのなか両方に
替えソックス			雨・雪のときの必需品
カバン			紙袋は不可。使い慣れたものを。雨のとき、カバンがすっぽり入るビニール袋も便利
お　金			交通費等。つき添いだけでなく本人も
交通系ICカード			Suica、PASMOなど。バスや電車の乗りかえに便利
電話番号 （なんらかの 事態発生時のため）			受験校（　　　　　） 塾（　　　　　） 家族携帯（　　　　　）
上ばき			スリッパは不可。はき慣れたものを
雨　具			雨天の場合、傘をすっぽり入れられるビニール袋も
お守り			必要なら
のどあめ			必要なら
携帯電話(保護者)			緊急連絡用。ただし試験場には持ちこまない
願書のコピー （保護者）			面接前にチェック。願書に書いた内容を聞かれることが多い
ビニール袋			下足を入れたりするのに便利
カイロ			使わなくとも持っていれば安心
マスク			風邪の予防には、やっぱりこれ

＊必要受験校数をコピーしてご利用ください。

鷗《おう》友《ゆう》学《がく》園《えん》女《じょ》子《し》中学校

実物を見て、触れるなかで培う理数的思考能力

School Data

Address	東京都世田谷区宮坂1-5-30
Tel	03-3420-0136
Access	東急世田谷線「宮の坂駅」徒歩4分、小田急線「経堂駅」徒歩8分
URL	http://www.ohyu.jp/

中1から繰り返し実験授業を行うことで、理数的思考能力を身につけていく鷗友学園女子中学校。現在、高校で理系クラスを選択する生徒は半数を超えるほどになっています。

以前から英語教育に定評のあった鷗友学園女子中学校は、現在の高3が文系108人に対して理系が117人と、高校で理系を選択する生徒が半分を超えるほど、理系教育に力を入れている学校としても注目されています。

その秘密は、中学1年生から実験や観察をとおして、実物に触れる授業を数多く行っていくところにあります。中1から中3の秋にかけて、物理、化学、生物、地学それぞれの分野の実験で必要な基礎知識、用具の使い方を実技試験も交えながら身につけます。

自ら考え、見て、実証する

取材日当日は、高1の生物の実験授業がありました。クラスが1班6人程度に分かれ、事前学習に沿ってウシガエルの解剖を行っていました。かなり大きなウシガエルを手際よく解剖していく姿は、とても高1とは思えません。さらに全ての班が同じ解剖をするのではなく、班ごとにテーマがあり、解剖方法も様々です。

そのため、用意する実験器具や試薬も班ごとにバラバラ。事前に生徒たち自身が考え、先生にどのようなものが必要なのかを届け出て、実験に必要な薬品を担当の先生が用意します。

実験がスタートすると、それぞれの班には、初めは目をそむけてしまう生徒もいましたが、これまで学んできたことを実証していく場です。時間が経つにつれ、どの生徒もウシガエルの周りを取り囲むようになっていました。

「それが本校の理科教育の特徴です。実験の授業というのは、一般に、効率よく実験をするために、実験をする人、ノートを取る人、用具を用意したり片付けたりする人と、役割分担をしたまま進めてしまいがちです。結果、生物であれば解剖しているところ、化学であれば化学変化が起きているところを見ていない人がいたりします。

しかし、本校では、中1から実物に触れる授業を数多く行い、実験の肝となる部分を見ることが大切だということをしっかりと学んでいるため、どの生徒もその瞬間を見逃すようなことはありません」と理科の大内まどか先生は説明されます。

試行錯誤から培う思考能力

また、実験のあとには、そこにいたるまでの事前研究に基づいて、実際どうだったのか、うまくいかなかった場合は何がいけなかったのか、といったことも時間を十分にとって考えさせていきます。実験だけでは終わらずに、自分たちで様々な試行錯誤を繰り返す場を与えているのも見逃せません。

「理系に進む進まないにかかわらず、理数的な思考というのは今の社会で必要とされているものです。そうした思考能力を鍛えることで、視点が広がり、いろいろな分野でこれまでとは違う発想を持つことができる人に育ってほしいのです」と話される大内先生。

「理系」「文系」という区分けが曖昧になりつつある現代社会において求められる力を、鷗友学園女子中学校では、実物に多く触れる理科教育をとおして養うことができます。

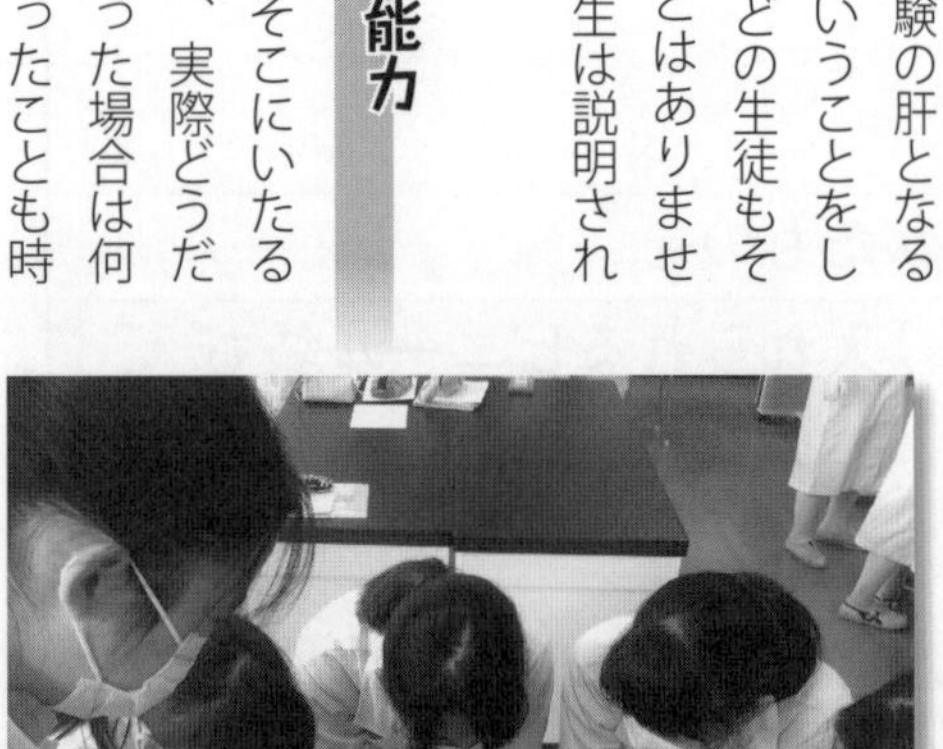

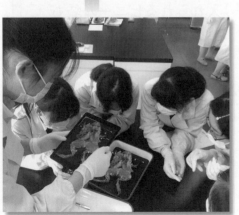

解剖の様子をiPadで記録し、スライドにまとめて、クラスでプレゼンテーションを行います

合格カレンダーをつくろう

中学受験では、いくつかの学校を受ける場合がほとんどです。ある志望校を何回も受けることもあります。

各学校には、それぞれ出願、入学試験、合格発表、入学手続きの日が設けられ、かぎられた約１週間の間に、つぎつぎと締め切り日がやってきます。

ある学校の入試日と、別の学校の合格発表日が重なることも当然に起こりえます。

日程を整理し、理解しておかないと思わぬアクシデントにつながります。とくに、合格発表日と他校の入学手続き締め切り日が重なる場合は、それこそ30分、１時間のうちに結論をだしてつぎの行動に移らなければなりません。

手続きを延ばし、入学金の延納を認める学校もありますが、全部の学校がそうというわけではありません。

その日は、だれがどう行動するかなど、家族間で細かく打ち合わせておくことが大切です。

その日になって「Ａ校の合格発表を見てから向かったのでは、Ｂ校の入学手続きに間に合わない」ことがわかって大あわてした、などのまちがいを防ぐのに役立つのが、入試スケジュールを管理する「合格カレンダー」です。

つぎのページに「合格カレンダー」の見本があります。

左のページを拡大コピーして、右ページの見本のように書きこんで使います。横軸が時間軸、縦軸が学校別になっています。

「合格カレンダー」を作成しておけば、どこの学校のどんな日程が、他校のなにと重複しているかが、一目瞭然となりミスを防ぐことができます。

また、家族で手分けする必要がある日程を洗いだすこともできます。

下にあげたこと以外にも、備忘録として、気になることはそのつど書きこみます。

このカレンダーは、ご家族全員が一目でわかるよう、居間などに貼り、みんなで情報を共有することが大切です。

【合格カレンダーに書きこむべきおもなことがら】

「出願」は持参か郵送か、持参はだれがいつ行くか、郵送はいつ投函するか。

「複数回同時出願」の場合の受験料、返金の有無と申し出期間。

「入試当日」の集合時刻と終了予定時刻、とくに持参するものがあればそれも。

「面接」の有無、その集合時刻。

「合格発表」の日と時刻、インターネット発表の時刻。

「入学手続き」の締切日と時刻、入学金の額と納入方法。

「延納」の有無。

「返納金」について。入学手続き後の返金制度の有無、その申し出期限。

「登校日」入学手続き後に登校日が設定してある場合、その日登校しないと、入学辞退とみなされる学校があるので要注意。

そして、各日にお父さま、お母さまがどこに行ってなにをするのか、前もって話しあって書きこんでおきます。

各校の要項をよく見て書きこもう！（実際には左ページを拡大して書きこみます）

記入例　2016年 合格カレンダー（受験予定表）

志望校名	Ａ中１次	Ｂ中	Ｃ中２回	Ｄ中２回	Ｃ中３回
学校最寄駅 学校電話番号	千埼駅 04＊＊－＊＊＊＊	合格駅 9876－＊＊＊＊	希望駅 5555－＊＊＊＊	未来駅 1212－＊＊＊＊	希望駅 5555－＊＊＊＊
出願期間	郵送12月８日から １月６日消印有効	１月20日９時から １月26日15時まで	１月20日９時から ２月１日20時まで	１月20日９時から １月30日16時まで	１月20日９時から ２月３日15時まで
出願日	12月25日郵送出願	１月20日出願日 担当：父	１月20日出願日 担当：母	１月21日郵送出願	
１月10日（日）	試験日 集合：８時20分 解散：12時45分				
１月11日（月）	合格発表日 12時掲示 ネット発表も有				
２月１日（月）		試験日 集合：８時30分 解散：14時30分			
２月２日（火）			試験日 集合：８時20分 解散：12時25分		
２月３日（水）		合格発表日 15時掲示	合格発表日 ９時ネット	試験日 集合：８時30分 解散：12時30分	※Ｃ中２回不合格の場合出願（14時まで）
２月４日（木）		入学手続日 ９時～12時 47万円振込み	入学手続12時まで ※Ｂ中の結果次第で入学手続をする	合格発表日 ９時掲示 入学手続16時まで	試験日 集合：８時20分 解散：12時25分
２月５日（金）					合格発表日 ９時ネット 入学手続16時まで
２月６日（土）					
２月７日（日）					
２月８日（月）		入学説明会日 15時 本人同伴			
各校のチェックポイント（備考欄）	※手続き期間内に延期手続きを行えば、予約金なしで延期手続き可能 ※願書写真は５×４ ※出願は郵送のみ	※試験日は弁当持参 ※願書写真は４×３を２枚 ※願書に小学校公印が必要	※出願はなるべく持参 ※手続納入金は現金50万円（辞退すれば24万円返還） ※願書写真は５×４	※出願は郵送のみ １月26日消印有効 ※願書写真は５×４または４×３ ※手続納入金は現金40万円（辞退後の返金有）	※手続納入金は現金50万円（辞退すれば24万円返還） ※願書写真は５×４

※カレンダーには、〈出願〉は持参か郵送か、〈複数回同時出願〉の場合の返金の有無と申出期限、〈試験当日〉の集合時刻と終了予定時刻、持参するもの、〈面接〉の有無・集合時刻、〈合格発表〉の時刻と方法、〈入学手続締切〉の時刻・納入方法と金額（延納の有無）、〈入学手続後〉に納入金の返金制度がある場合には入学辞退の申出期限、手続き後の登校日などを書きこんでください。

※実際にご活用いただく際には、左のページをB4サイズに拡大したうえで何枚か複写してご使用ください。

2016年 合格カレンダー（受験予定表）

志望校名					
学校最寄駅 学校電話番号					
出願期間	月　日　時から 月　日　時まで	月　日　時から 月　日　時まで	月　日　時から 月　日　時まで	月　日　時から 月　日　時まで	月　日　時から 月　日　時まで
出願日					
1月　日（　）					
1月　日（　）					
2月1日（月）					
2月2日（火）					
2月3日（水）					
2月4日（木）					
2月5日（金）					
2月6日（土）					
2月7日（日）					
2月8日（月）					
各校のチェックポイント（備考欄）					

※カレンダーには、〈出願〉は持参か郵送か、〈複数回同時出願〉の場合の返金の有無と申出期限、〈試験当日〉の集合時刻と終了予定時刻、持参するもの、〈面接〉の有無・集合時刻、〈合格発表〉の時刻と方法、〈入学手続締切〉の時刻・納入方法と金額（延納の有無）、〈入学手続後〉に納入金の返金制度がある場合には入学辞退の申出期限、手続き後の登校日などを書きこんでください。

※実際にご活用いただく際には、このページをB4サイズに拡大したうえで何枚か複写してご使用ください。

中学受験

知っ得データ

表の見方（表については10月13日までの調査による。問い合わせは各校入試担当まで）

表はおもな私立中学・国立中学を対象に行ったアンケートによる。対象は一般入試。原則として 10 月 13 日までに回答のあった学校を掲載。一部回答表現を略したところもある。無回答の項目は省略／学校名後の◎は共学校、●は男子校、○は女子校、□は別学校／質問項目①入学試験当日の遅刻について認めるか（認める場合試験開始何分までか）②保健室受験の準備はあるか③面接はあるか・あればその比重④合否判定での基準点はあるか・あればどの程度か⑤繰り上げ（補欠）合格はあるか・あればその発表方法は⑥入学手続きの延納・返還制度は⑦来年度（2016 年度）入試からの入試変更点

●男子校　○女子校　◎共学校　□別学校

ア

青山学院◎
①非公表　②ある　③なし　④なし　⑤予定・電話　⑥なし　⑦なし

青山学院横浜英和○
①15分まで　②ある　③実施・参考程度　④なし　⑤未定・行う場合電話　⑦校名変更

浅野●
①10分まで　②ある　③なし　④なし　⑤未定・行う場合電話　⑥なし　⑦出願・合格発表・入試手続きはすべてインターネットで実施（合格発表は掲示発表も実施）

麻布●
①認めない　②ある　③なし　④なし　⑤未定・行う場合電話　⑥なし　⑦なし

足立学園●
①25分まで　②ある　③なし　④一般入試はなし・特奨入試は国算で７割程度　⑤予定・掲示とインターネット　⑥2/5　15:00までに延納手続きをすれば施設費延納可（2/12　15:00まで）　⑦合格発表時に「特別クラス合格」を明示

跡見学園○
①認める（時間は状況により変わる）　②ある　③なし　④なし　⑤予定・電話

郁文館◎
①30分まで　②ある　③なし　④なし　⑤なし　⑦一般入試選択科目に英語を導入

市川◎
①認める　②ある　③なし　④なし　⑤なし　⑥第１回入学金の一部納入により延納可

上野学園◎
①認める（試験時間の延長なし・交通事情の場合のみ別室受験）　②ある　③S日程（適性検査）以外実施・ある程度考慮する　④なし　⑤なし　⑥原則延納不可　入学年度の前年度末までに辞退を申し出た場合施設設備資金を返還　⑦適性検査Ⅰ・Ⅱを実施

浦和明の星女子○
①個別に対応　②ある　③なし　④なし　⑤未定・行う場合電話　⑥第１回1/20までに延納手続き書類提出により入学金250,000円を2/3まで延納可　⑦第１回のみ郵送出願受付導入

浦和実業学園◎
①認める　②ある　③なし　④なし　⑤未定　⑥なし　⑦1/16適性検査型入試を新設

栄光学園●
①認めない　②ある　③なし　④なし　⑤未定・行う場合電話　⑥2/5　16:00までに辞退の場合入学金300,000円のうち200,000円を返還　⑦出願受付を郵送のみへ

穎明館◎
①認める（試験時間の延長なし）　②ある　③なし　④なし　⑤なし　⑦募集定員第１回50名→70名　第３回50名→30名

江戸川学園取手◎
①10分まで　②ある　③なし　④なし　⑤なし　⑥延納金50,000円納入により2/4まで延納可　⑦東大ジュニア・医科ジュニア・難関大ジュニアの３コース制へ　受験会場に水戸会場（１回目のみ）を追加

江戸川女子○
①認める（試験時間の延長なし）　②ある　③なし　④なし　⑤予定・電話　⑥都立中高一貫校受検者のみ延納可　⑦なし

桜蔭○
①20分まで　②ある（養護教諭を交えて判断）　③実施・参考程度　④なし　⑤予定・掲示　⑦なし

桜美林◎
①20分まで　②ある　③なし　④なし　⑤追加合格あり・電話　⑥延納・返還については入試要項参照

鷗友学園女子○
①30分まで　②ある　③なし　④基準点はないが各科目で受験者平均点の半分以下の場合審議の対象となる　⑤なし　⑥3/1までに所定の用紙で辞退を申し出た場合入学金を返還　⑦入試回数２回へ（2/1と2/3）　2/1募集定員160名→180名　合格発表はインターネットも入試翌日正午へ　2/1の入学手続締切2/3　16:00へ

大妻○
①15分まで　②ある　③なし　④なし　⑤予定・電話　⑥なし　⑦募集定員変更2/1 110名→120名　2/2 130名→120名

大妻多摩○
①15分まで　②ある　③なし　④なし　⑤なし　⑥なし　⑦帰国生入試①、②、国際生入試の３つを新設

大妻中野○
①午後入試のみ認める（20分・40分遅れ）　②ある　③なし　④なし　⑤予定・電話　⑥国公立校受験者は延納手続きにより2/9　17:00まで延納可　⑦グローバルリーダーズコース新設にともない2/1午前にグローバル入試を設定

大妻嵐山○
①20分まで　②ある　③帰国生入試のみ実施・ある程度考慮する　④なし　⑤なし　⑥なし　⑦「セレクト入試」→「進学コース入試」　帰国生入試実施　入試科目一般入試第１～第４回は２科・４科選択へ

大宮開成◎
①15分まで　②ある　③なし　④なし　⑤予定・電話　⑥なし　⑦2/4第２回特待生選抜入試新設

小野学園女子○
①認める　②ある　③なし　④なし　⑤なし　⑥なし　⑦適性検査型入試導入

カ

海城●
①認める　②ある　③なし　④ある　⑤予定・電話　⑥なし　⑦なし

開成●
①認める　②ある　③なし　④非公表　⑤非公表　⑥手続期限内であれば辞退の場合施設拡充資金120,000円を返還　⑦なし

開智◎
①20分まで　②ある　③なし　④なし　⑤予定・電話　⑥3/31までに辞退の場合納入金全額返還　⑦1/10先端A→第１回　1/11第１回→先端A

開智日本橋学園◎
①認める（20～30分まで・検討中）　②ある　③GLCのみある実施・程度考慮する　④なし　⑤未定・行う場合電話　⑥3/31までに辞退の場合入学手続時納入金を返金　⑦DLCを新設　試験回数増　適性検査型受験料5,000円へ

暁星●
①15分まで　②ある　③なし　④なし　⑤予定・電話　⑥なし

暁星国際◎
①15分まで　②ある　③実施・かなり重視する　④なし　⑤なし　⑥なし　⑦なし

共立女子○
①15分まで　②ある　③C日程のみ実施・ある程度考慮する　④なし　⑤予定・電話　⑥複数回出願の場合未受験分検定料返還可（入学手続者のみ）　⑦C日程入試内容　国算社理→合科型論述テスト・算数・面接

共立女子第二○
③なし　④なし　⑤未定・行う場合電話　⑥なし　⑦なし

国本女子○
①15分まで　②ある　③なし　④非公表　⑤なし　⑥なし

公文国際学園◎
①15分まで　②ある　③なし　④なし　⑤予定・電話　⑥なし（振込締切は2/16まで）　⑦日程・科目・定員等変更あり

慶應義塾◎
①認める（個別に対応）　②ある　③実施・かなり重視する　④なし　⑤予定・電話　⑥２月末までに辞退の場合入学金以外を返還　慶應義塾普通部・慶應義塾湘南藤沢に入学手続き完了者は納入した学費等の振替制度あり　⑦合格発表変更あり　１次15:00～17:00（掲示）・15:00～16:00（ホームページ）　２次15:00～16:00（掲示）

慶應義塾湘南藤沢◎
①当日の指示に従うこと　②試験監督の指示に従うこと　③実施・非公表　④非公表　⑤予定・電報　⑥所定の方法により入学を辞退した場合授業料を返還

慶應義塾普通部●
①１時間目まで認める　②ある　③実施・比重は非公開　④なし　⑤予定・候補者を掲示発表後合格の場合電話　⑥授業料分納（前期・後期）あり　入学辞退の場合授業料等を後日返還　⑦なし

京華●
①20分まで　②ある　③なし　④なし　⑤予定・電話　⑥2/15までに辞退の場合入学金以外返還　⑦2/1午後特別選抜クラスのみの入試へ　2/2午前適性検査型入試は特別選抜クラスのみへ

京華女子○
①20分まで　②ある　③実施・ある程度考慮する　④なし　⑤予定・電話　⑥第１志望者と第２志望者の手続締切をそれぞれ設定　⑦なし

恵泉女学園○
①10分まで　②ある　③Ｓ方式帰国生枠のみ実施・ある程度考慮する　④なし　⑤予定・電話　⑥なし　⑦保護者用質問用紙、出願時に提出へ

啓明学園◎
①20分まで　②ある　③実施・ある程度考慮する　④なし　⑤未定　⑥延納・返還可　分納も相談に応じる　⑦面接導入　日程2/1・2/2・2/3　2/1午前と2/2は２科・４科選択　2/1午後と2/3は２科へ

光塩女子学院○
①５分まで　②ある　③実施・参考程度　④なし　⑤予定・電話　⑦入試日３回へ（2/1・2/2・2/3）

晃華学園○
①事情により対応のため要事前連絡　②ある　③なし　④なし　⑤予定・電話　⑥複数回出願の場合未受験分検定料返還可（入学手続者のみ）　⑦出願はインターネット出願のみへ　募集定員・出願期間・合格発表時間・入学手続きなど変更あり

工学院大学附属◎
①30分まで　②ある　③なし　④なし　⑤未定・行う場合電話　⑥２月末までに辞退の場合設備充実費120,000円を返還　⑦なし

攻玉社●
①30分まで　②ある　③国際入試のみ実施　④なし　⑤なし・行う場合電話

麹町学園女子○
①認める　②ある　③なし　④なし　⑤なし　⑥2/9　18:00までに辞退届提出により入学金を返還

佼成学園●
①認める　②ある　③なし　④なし　⑤なし

佼成学園女子○
①25分まで　②ある　③なし　④なし　⑤未定　⑥分納可　辞退の場合施設設備費を返還　⑦面接を廃止

国府台女子学院○
①8:50までに入室できれば認める　②ある　③なし　④なし　⑤予定・電話　⑥第１回入試延納可　⑦なし

香蘭女学校○
①25分まで　②ある　③実施・参考程度　④なし　⑤予定・掲示とインターネット　⑥なし　⑦なし

カ

開智未来◎
①20分まで　②ある　③なし　④なし　⑤なし　⑥3/31までに辞退の場合全額返還　⑦1/12午前に未来型入試導入　すべての回で本校受験可へ

海陽●
①認める　②ある　③入試Ⅱ本校・帰国生入試Ⅰ・Ⅱで実施・非公表　④非公表　⑤予定・電話　⑥入試Ⅰ・Ⅱ、帰国生入試Ⅰ・Ⅱは辞退期限までに辞退連絡をすれば入寮費200,000円を返還　⑦要入試要項確認

かえつ有明◎
①10分まで　②ある　③なし　④なし　⑤なし　⑥辞退の場合入学諸費等25,000円返還　⑦入試回数・問題難易度等大幅に変更

学習院●
①15分まで　②なし　③なし　④なし　⑤予定・掲示　⑥なし　⑦なし

学習院女子○
①50分まで　②ある　③実施・参考程度　④なし　⑤Ｂ入試は予定・掲示とインターネット（Ａ入試はなし）　⑥なし　⑦なし

春日部共栄◎
①認める　②ある　③なし　④なし　⑤なし　⑥辞退の場合施設費を返還　⑦第１回から総合選抜入試とし、得点によりGEクラス・GSクラス合格者を決定

片山学園◎
①認める　②ある　③実施・ある程度考慮する　④なし　⑤予定・電話　⑥辞退の場合入学金以外の納入金600,000円を返還　⑦後期入試実施

神奈川学園○
①20分まで　②ある　③なし　④なし　⑤未定　⑥2/8　16:00までに辞退を申し出た場合入学金・施設費を返還　⑦2/4C日程試験当日朝出願可能へ

神奈川大学附属◎
①20分まで　②別室受験の準備あり　③なし　④40点程度（算数）　⑤未定・行う場合電話　⑥なし　⑦C日程理・社で試験時間を変更

鎌倉学園●
①認める　②ある　③なし　④なし　⑤予定・電話　⑥2/12　15:00までに辞退→100,000円を返還、入学式前日までに辞退→施設費を返還

鎌倉女学院○
①認める　②ある　③なし　④なし　⑤未定・行う場合電話　⑥2/6正午までに辞退を申し出た場合入学金を返還　⑦入試日変更2/1・2/3→2/2・2/4

鎌倉女子大学○
①認めない　②ある　③なし　⑤なし　⑥延納制度はないが手続締切日を公立中高一貫校の発表後に設定　⑦進学コース入試で１科目優遇措置を実施

カリタス女子○
①認める（試験時間延長なし）　②ある　③なし　④なし　⑤未定・電話　⑥3/31までに辞退届提出した場合施設拡充費200,000円返還可　⑦一般入試第３回日程2/5→2/4、2/4の試験開始時刻8:40→9:55　帰国生入試第１回日程・試験科目変更あり

川村○
①認める（時間は状況に応じて対応）　②ある　③実施・参考程度　④なし　⑤予定・その他　⑦入試科目２科・４科選択→国・算・英から２科選択へ

神田女学園○
①認める　②ある　③なし　④４割程度　⑤未定　⑦グローバル入試でインタビューテストを実施

関東学院◎
①認める（試験時間の延長なし）　②ある　③なし　④なし　⑤未定　⑥延納可　⑦なし

関東学院六浦◎
①45分（１時間目終了）まで　②ある　③なし　④なし　⑤未定　⑦午後入試で英語型入試（国算英）導入　郵送出願開始

北鎌倉女子学園○
①20分まで　②ある　③実施・参考程度　④なし　⑤なし　⑥2/10正午までに辞退の場合施設設備費170,000円（音楽コースは220,000円）返還　⑦音楽コース郵送出願可へ　B日程・音楽コースの入学手続締切日2/10へ

北豊島○
①認める（試験時間の延長なし）　②ある　③実施・参考程度　④なし　⑤なし　⑥なし　⑦名称変更AO特待入試→表現思考型入試（日程も変更2/1午後→2/2午前）

吉祥女子○
①20分まで　②ある　③なし　④なし　⑤未定・行う場合電話　⑥2/20正午までに辞退の場合施設拡充費を返還　⑦算数入試、一部記述式問題出題へ

共栄学園◎
①30分まで　②ある　③実施・参考程度　④なし　⑤なし・行う場合電話　⑥公立中高一貫校受検者はその発表の翌日まで春日部共栄受験者は2/15まで延納可（第１～第３入試）　辞退の場合施設費を返還（第１～第３入試）　⑦第１回入試科目２科→２科・適性検査の選択へ　午後入試合格発表16:30に統一　手続締切日（振込）第１～第３回は2/8まで第４回は2/15までへ　出願期間中の日曜日も出願を受付

芝浦工業大学●
①20分まで　②ある　③なし　④なし　⑤未定・行う場合電話　⑥なし　⑦なし

芝浦工業大学柏◎
①20分まで　②ある　③なし　④なし　⑤なし　⑥延納手続金50,000円納入により2/4　15:00まで延納可(第３回以外)　⑦第３回課題作文と面接へ　第１～３回希望者に英語の口頭試問を追加　第１・２回でグローバル・サイエンスクラブ約40名募集へ

渋谷教育学園渋谷◎
①認める　②ある　③なし　④なし　⑤未定・行う場合電話　⑥なし　⑦なし

渋谷教育学園幕張◎
①認める　②ある　③なし　④なし　⑤未定　⑥入学手続期間内に50,000円納入により残額を2/3　18:00まで延納可　⑦集合時間等変更あり　それにより理科の試験は午後実施へ

秀光◎
①認めない　②ある　③なし　④ある　⑤未定

修徳◎
①認める　②ある　③実施・かなり重視する　⑤なし

十文字○
①認める(試験時間延長なし)　②ある　③なし　④なし　⑤予定・電話　⑥3/31までに辞退届提出により入学時施設費を返還　⑦多元化入試導入

淑徳◎
①20分まで　②ある　③なし　④なし　⑤なし　⑥延納なし(手続締切日2/11)２月末までに辞退の場合全額返還　⑦試験日・集合時間変更あり

淑徳ＳＣ○
①認めない　②ある　③実施・参考程度　④ある・非公開　⑤未定・発表方法未定　⑥なし　⑦奨学金給付コースを導入　２科試験に英・国を導入

淑徳巣鴨◎
①認める　②ある　③一部入試のみ実施・ある程度考慮する　④なし　⑤なし　⑥公立中高一貫校併願者は2/9　16:00までに公立校の合格通知書等を提示すれば入学手続時納入金を返還　⑦募集定員90名→105名　2/2午前フロンティア入試→進学コース入試

淑徳与野○
①認める(50分まで)　②ある　③なし　④なし　⑤第２回入試のみ予定・電話　⑥3/25までに辞退の場合入学金以外返還　⑦第１回入試より郵送出願可へ

順天◎
①認める(時間指定なし)　②ある　③なし　④なし　⑤なし・行う場合電話　⑥入学手続き時に入学金納入により2/10正午まで延納可　全額納入後辞退の場合施設費返還可　⑦なし

頌栄女子学院○
①原則認めない(交通事情等により認める場合あり)　②ある　③実施・参考程度　④なし　⑤なし　⑥なし　⑦なし

城西川越●
①15分まで　②ある　③なし　④なし　⑤なし　⑥なし　⑦なし

城西大学附属城西◎
①20分まで　②ある　③なし　④なし　⑤予定・電話　⑥なし　⑦試験科目国・算・英より２科選択へ

常総学院◎
①20分まで　②なし　③なし　④なし　⑤なし　⑥一般入試のみ延納制度あり(2/8まで延納可)　⑦合格区分変更　ＡＤ(アドバンスト)クラス特待・ＡＤ(アドバンスト)クラス・ＳＴ(スタンダード)クラス

聖徳学園◎
①集合時間後10分まで　②ある　③なし　④なし　⑤予定・電話　⑥なし　⑦総合入試選択科目を変更　特待生入試を追加

湘南学園◎
①認める　②ある　③なし　④なし　⑤未定・行う場合電話　⑥辞退の場合施設費150,000円を返還　⑦当日発表時間変更ありＡ日程21:00→22:00　Ｂ・Ｃ日程18:00→20:00　Ｄ日程17:30→19:00

湘南白百合学園○
①20分まで　②ある　③実施・参考程度　④なし　⑤予定・電話　⑥なし　⑦入学金納入法変更窓口→振込　入試日2/2へ　合格発表は当日21:00にインターネットにて発表

昌平◎
①認める　②ある　③なし　④なし　⑤なし　⑦1/11午後適性検査型入試新設をはじめ入試日程変更あり

城北●
①30分まで　②ある　③なし　④なし　⑤予定・電話　⑦募集定員変更第１回120名→115名　第２回130名→125名

城北埼玉●
①認める　②ある　③なし　④なし　⑤予定・電話

カ

國學院大學久我山□
①25分まで　②ある　③なし　④なし　⑤未定　⑥なし　⑦なし

国際学院◎
①20分まで　②ある　③なし　④なし　⑤なし　⑥なし　⑦なし

国士舘◎
①10分まで　②ある　③実施・ある程度考慮　④なし　⑤なし　⑥施設費2/19まで延納可　入学金・施設費を一括納入し2/10までに辞退した場合施設費を返還　⑦第１、３、４回を国・算の２科へ　第２回を適性検査へ　学業優秀特待生選抜を第１回に実施へ

駒込◎
①25分まで　②ある　③なし　④なし　⑤なし　⑥公立中高一貫校受検者は2/10正午まで延納可(事前登録制)　⑦スーパーアドバンス・イングリッシュコース新設　英語特別枠入試を導入　適性検査型入試３時間目理科総合を英語に変更可へ

駒沢学園女子○
①20分まで　②ある　③なし　④なし　⑤なし　⑥なし　⑦なし

駒場東邦●
①認める　②ある　③なし　④なし　⑤未定　⑥なし　⑦なし

サ

埼玉栄◎
①10分まで　②ある　③なし　④なし　⑤なし　⑥3/31までに辞退の場合入学金以外の納入金を返還　⑦合格発表掲示→郵送　医学クラス入試新設　帰国生入試作文を実施　スーパーイングリッシュ入試出願資格英検３級以上→とくになし　入試内容作文(日本語)→英作文　難関大クラス・医学クラス入試Ⅰ・Ⅱ・Ⅲで午前に栄東Ａ日程を受験し、午後に埼玉栄難関大クラスⅠ・Ⅱおよび医学クラスⅠ・Ⅱ・Ⅲを受験する場合5,000円で３回まで受験可へ(その場合埼玉栄で両方受験可)

埼玉平成◎
①20分まで　②ある　③専願のみ実施　④なし　⑤なし　⑥願書の延納希望欄に記入し出願すれば2/5まで延納可(専願は不可)　⑦1/10午後に適性検査入試実施　1/10午前引き続き英語入試実施　第３回入試はA進学のみで実施

栄東◎
①認める　②ある　③帰国生入試のみ実施・ある程度考慮する　④なし　⑤なし

相模女子大学○
①20分まで　②ある　③なし　④なし　⑤なし　⑥施設費返還可　⑦第３回適性検査型へ　第２回・第４回２科入試へ　第５回を2/4に実施

佐久長聖◎
①20分まで　②ある　③なし　④なし　⑤予定・電話　⑥所定の申請書提出により分納可(2/9までに入学金200,000円納入 5/10に施設費100,000円納入)　生徒寮入館金も分納可(入学後に２回に分け納入)　辞退の場合施設費と入館金を返還　⑦出願書類のうち「通知票の写し」の提出不要へ　特別奨学生制度変更あり

桜丘◎
①45分まで　②ある　③なし　④なし　⑤なし　⑦web上で出願等ができるマイページシステムを導入　完全web出願へ　午後入試開始時間15:00へ　合格発表、web発表当日21:00・掲示発表翌日9:00～15:00へ　手続締切日2/10へ

狭山ヶ丘高等学校付属◎
①20分まで　②ある　③なし　④なし　⑤予定・電話　⑦なし

サレジオ学院●
①認めない　②ある　③なし　④なし　⑤未定・電話　⑦2/1A試験・2/4B試験両日ともインターネット出願のみへ

自修館◎
①50分まで　②ある　③なし　④なし　⑤なし・行う場合電話　⑥公立中高一貫校受検者のみ延納可　3/31までに辞退の場合２次入学手続金134,000円を返還　⑦１次入学手続締切日2/8へ

実践学園◎
①認める(時間は状況により判断)　②ある　③なし　④なし　⑤なし　⑥第２志望は2/9　13:00まで延納可　新入生ガイダンスまでに辞退した場合施設設備資金と指定品代を返還する場合あり　⑦web出願を導入

実践女子学園○
①認める(試験時間の延長はなし)　②ある　③なし　④なし　⑤予定・電話　⑥期限内に辞退手続をした場合入学金の一部を返還　⑦入試日程変更第３回2/4→2/3　募集定員変更第２回70名→80名　第３回60名→50名

品川女子学院○
①30分まで　②ある　③なし　④なし　⑤予定・電話と電報　⑥2/13　16:00までに辞退の場合入学手続き金を返還(要事前電話連絡)　⑦第３回入試科目試験Ⅰ(４科総合60分120点)と試験Ⅱ(読解・論述50分40点)へ変更

芝●
①30分まで　②ある　③なし　④なし　⑤なし　⑦入試科目の順番変更　１時間目数→国　２時間目国→数

西武台千葉◎
①20分まで ②ある ③なし ④5割程度 ⑤なし ⑥2/19正午までに入学辞退届提出により施設設備金160,000円を返還 ⑦なし

西武台新座◎
①原則認めない(公共交通機関の遅延は考慮) ②ある ③なし ④なし ⑤繰り上げ合格の場合電話連絡 ⑥期日までに所定の辞退届提出により施設設備金を返還

聖望学園◎
①20分まで ②ある ③専願のみ実施 ④なし ⑤予定・電話 ⑥都立中高一貫校受検者は2/12まで延納可 ⑦なし

聖ヨゼフ学園○
①20分まで ②ある ③実施・参考程度 ④なし ⑤予定・電話 ⑥3/31までに辞退の場合施設設備資金を返還 ⑦2/1夕方・2/6午前に適性検査型入試を実施(3分間の自己アピール面接あり)

成立学園◎
①30分まで ②ある ③なし ④なし ⑤なし ⑥分納可(3/31まで) 3/31までに辞退の場合施設費を返還 ⑦2/1午前・午後に適性検査型入試導入(2科・4科選択制)

青稜◎
①10分まで ②ある ③なし ④なし ⑤予定・電話 ⑥入学金延納願提出により2/15まで延納可 ⑦帰国生入試を実施

聖和学院○
①15分まで ②ある ③なし ④ある ⑤予定・電話 ⑥3/12 15:00までに辞退の場合施設拡充費を返還 ⑦2/4第三回入試で「表現力・総合型(4科)」と「グローバル型(英会話・作文)」を新設

世田谷学園●
①1時間目まで認める ②ある ③なし ④なし ⑤未定・行う場合電話 ⑥なし

専修大学松戸◎
①認める ②ある ③なし ④なし ⑤未定(繰り上げ合格)・行う場合電話 ⑥第1回・第2回分納可 入学金の一部50,000円納入により残額を2/3までに納入 ⑦英検3級以上取得者は加点優遇を実施(出願時に申請)

洗足学園○
①20分まで ②ある ③なし ④なし ⑤予定・電話 ⑥入学金は手続き時に、施設費は2/20までに納入 ⑦なし

捜真女学校○
①認める(個別に対応) ②ある ③実施・参考程度 ④なし ⑤予定・電話 ⑦S試験2科4科選択へ

相洋◎
①15分まで ②ある ③実施・かなり重視する ④35点程度(国語・算数) ⑤なし ⑥なし ⑦入試日程、特待制度の変更あり

タ

高輪●
①20分まで ②ある ③なし ④なし ⑤予定・電話 ⑥なし ⑦帰国生入試合格発表16:00→15:00

橘学苑◎
①認める ②ある ③なし ④なし ⑤なし ⑦2科・4科→2科(国算)+外国語活動(面接形式)

玉川学園◎
①認める(試験時間の延長なし) ②ある ③実施・一般クラスは参考程度 IBクラスはある程度考慮する ④なし ⑤なし ⑥期限までに辞退を申し出た場合入学金以外を返還 ⑦帰国生入試実施(12月・IBクラス対象) 一般入試検定料優遇制度を拡大(2回受験以上40,000円) 2/2IBクラス募集定員5名→10名

玉川聖学院○
①20分まで ②ある ③実施・参考程度 ④なし ⑤未定 ⑦日程変更2/2→2/1 入試回数4回→5回

多摩大学附属聖ヶ丘◎
①15分まで ②ある ③なし ④なし ⑤予定・電話 ⑥2/2午前適性型入試受験者は届け出あれば公立中高一貫校合格発表の翌日まで延納可 ⑦募集定員変更2/2午前4科20名→15名 2/2適性検査型10名→15名

多摩大学目黒◎
①50分まで ②ある ③なし ④なし ⑤未定・行う場合電話 ⑥なし ⑦特待・特進入試増設 2/4入試集合時間変更8:30→10:00

千葉日本大学第一◎
①認めない(公共交通機関の遅延は考慮) ②ある(インフルエンザまたは骨折等にかぎる) ③第一志望入試のみ実施・筆記試験とともに総合的に判断 ④なし ⑤繰り上げ合格候補者を発表する場合あり・郵送 ⑥第1期入試は、入学手続き期間内に入学金の一部50,000円納入のうえ事務室窓口で延納手続をすれば2/4 15:00まで延納可(第一志望入試・第2期入試は延納制度なし) ⑦12/1に第一志望入試を設定 第3期入試は実施しない

サ

昭和学院◎
①20分まで ②ある ③なし ④なし ⑤なし ⑥第1回入試と特進特待生入試は一時金20,000円納入により2/9まで延納可 ⑦ネット出願を導入

昭和学院秀英◎
①20分まで ②ある ③なし ④なし ⑤なし ⑥第2回のみ1/26までに50,000円の銀行振込金証明書を提出により残額を2/3まで延納可 ⑦なし

昭和女子大学附属昭和○
①25分まで ②ある ③なし ④なし ⑤未定・行う場合電話 ⑥なし ⑦グローバル留学コースを新設し、本科コースへのスライド合格を実施

女子学院○
①認めないが交通機関の遅れや自然災害等には適切に対応 ②ある ③実施・比重は非公表 ④非公表 ⑤非公表 ⑦入試日2/2→2/1

女子聖学院○
①20分まで ②ある ③なし ④なし ⑤予定・電話 ⑥なし ⑦英語入試を導入

女子美術大学付属○
①認める ②ある ③実施・参考程度 ④なし ⑤未定・行う場合電話 ⑥2/28正午までに入学辞退届提出により入学金以外の納入金112,000円返還 ⑦募集人員変更第1回110名→115名 第2回25名→20名

白梅学園清修○
①20分まで ②ある ③なし ④なし ⑤予定・電話 ⑥都立中高一貫校受検者は2/10 16:00まで延納可 ⑦2/4入試実施しない 2/1午前募集人員20名→30名 2/2英入試新設

白百合学園○
①15分まで ②ある ③実施・参考程度 ④なし ⑤未定・行う場合電話 ⑥なし ⑦なし

巣鴨●
①20分まで ②ある ③なし ④なし ⑤予定・電報 ⑦帰国生入試出願資格に変更あり

逗子開成●
①事前連絡あれば認める ②ある ③なし ④なし ⑤未定・行う場合電話 ⑥期日までに手続した場合返還可 ⑦なし

駿台学園◎
①認める ②ある ③なし ④なし ⑤なし ⑥なし ⑦理社試験時間変更30分→40分

聖学院●
①15分まで ②ある ③なし ④なし ⑤未定 ⑦ネット出願導入 午後入試4科試験時間国・算・社理それぞれ50分へ(終了時間19:05→18:00) 合格発表時間変更15:00→17:00 22:00→22:30

成蹊◎
①15分まで ②ある ③なし ④なし ⑤予定・電話 ⑥3/31 15:00までに入学辞退届提出により入学金以外の納付金を返還 ⑦一般入試(帰国生枠)を新設

聖光学院●
②ある ③なし ④なし ⑤未定・辞退があった場合電話連絡 ⑥分納可 入試手続日当日に入学金を納入後設備拡充費を2/29までに納入 ⑦なし

成城●
①認めない ②ある ③なし ④なし ⑤なし ⑥なし ⑦ネット出願を導入

成城学園◎
①15分まで ②ある ③なし ④なし ⑤予定・電話 ⑥なし ⑦帰国生入試出願条件に変更あり

聖セシリア女子○
①15分まで ②ある ③なし ④なし ⑤予定・電話 ⑦三次試験日程2/4→2/3午後

清泉女学院○
①15分まで ②ある ③実施・まったく合否には関係しない ④なし ⑤なし ⑥施設費120,000円延納可 ⑦2期試験理社合わせて60分(各50点満点)へ変更

聖徳大学附属女子○
①25分まで ②ある ③なし ④なし ⑤なし ⑥2/6まで延納可・都立中高一貫校受検者は公立校合格発表の翌日まで延納可 ⑦郵送出願開始日12/7へ

聖ドミニコ学園○
①20分まで ②原則なし(インフルエンザのみ用意あり) ③なし ④なし ⑤なし ⑥施設拡充費全額返還可 ⑦日程変更2/1午前・午後 2/2午前 2/4午前の4回へ

星美学園○
①30分まで ②ある ③なし ④6割程度 ⑤なし ⑥なし ⑦出願方法変更窓口のみ→窓口+郵送

西武学園文理◎
①20分まで ②ある ③帰国受験生のみ実施・参考程度 ④なし ⑦インターネット出願・入学手続を導入 1/10午後特選特待入試では特選クラス合格者は全員特待生へ

東京女子学院○
①15分まで　②ある　③実施・かなり重視する　④なし　⑤なし・行う場合校内手渡し　⑥3/5　13:00までに辞退を申し出た場合施設設備費を返還　⑦なし

東京女子学園○
①午後入試のみ約60分まで　②ある　③なし　④２割程度　⑤なし　⑥3/11までに辞退申請した場合入学金以外を返還

東京成徳大学◎
①45分まで　②ある　③なし　④なし　⑤なし　⑥2/10正午までに辞退の場合施設費を返還　⑦定員変更第１回午後30名→20名　第４回午前若干名→10名

東京成徳大学深谷◎
①10分まで　②ある　③なし　④なし　⑤なし　⑥なし　⑦なし

東京電機大学◎
①30分まで　②ある　③なし　④ある・非公表　⑤予定・電話　⑥複数回出願の場合未受験分検定料返還可(入学手続者のみ)

東京都市大学等々力◎
①20分まで　②ある　③なし　④なし　⑤なし

東京都市大学付属●
①15分まで　②ある　③なし　④なし　⑤なし・行う場合電話　⑥分納可　手続き時に入学金の一部50,000円納入し残金は入学後に納入　⑦インターネット出願を導入　複数回受験の加点措置変更４回受験(５点加点)→３回受験(３点加点)

東京農業大学第一高等学校◎
①認める(試験時間の延長はなし)　②ある　③なし　④なし　⑤なし　⑦なし

東京農業大学第三高等学校附属◎
①認める(試験時間の延長はなし)　②ある　③なし　④なし　⑤なし　⑥なし　⑦なし

東京立正◎
①認めない　②なし　③実施・かなり重視する　④５割程度　⑤なし　⑥なし　⑦英語入試、ＡＯ入試を実施

桐光学園□
①30分まで　②ある　③なし　④なし　⑤なし　⑥なし　⑦2/1　１回Ｂ入試２科目(国算)＋英語資格へ

東星学園◎
①15分まで　②状況に応じて対応　③実施・重視する　④なし　⑤なし　⑥3/31　16:00までに書面で辞退を申し出た場合施設設備費150,000円を返還　⑦なし

桐朋●
①30分まで　②ある　③なし　④なし　⑤予定・電話　⑥2/8正午までに辞退手続をすれば建設資金130,000円を返還　⑦2/1と2/2に入試実施

桐朋女子○
①認めない　②なし　③A入試では口頭試問を実施　④非公表　⑤未定　⑥2/9までに入学辞退届提出により建築資金を返還　⑦なし

東邦大学付属東邦◎
①認める(試験時間の延長はなし)　②ある　③なし　④なし　⑤未定・行う場合電話　⑥前期入試のみ1/26までに入学金の一部170,000円納入により2/4まで延納可　⑦なし

東洋英和女学院○
①20分まで　②ある　③実施・参考程度　④なし　⑤予定・電話　⑥なし　⑦2/1帰国生入試新設

東洋大学京北◎
①20分まで　②ある　③なし　④１割程度　⑤なし　⑥公立中高一貫校受検者は1/10まで延納可　⑦募集定員90名へ　面接を廃止

東洋大学附属牛久◎
①20分まで　②ある　③なし　④なし　⑤未定　⑥延納可(所定の用紙にて郵送申込)　⑦なし

藤嶺学園藤沢●
①10分まで　②ある　③なし　④なし　⑥入学金・施設費の分納可 2/11 15:00までに辞退手続をすれば施設費を返還

トキワ松学園○
①午前入試は認めない・午後入試は60分まで　②ある　③なし　④なし　⑤予定・電話　⑥3/31までに辞退を申し出た場合施設設備費を返還　⑦英語コミュニケーション入試導入　特待入試に一般でのスライド合格を導入

土佐塾◎
①20分まで　②ある(インフルエンザは不可)　③なし　④なし　⑤なし　⑥なし　⑦岡山会場を廃止

豊島岡女子学園○
①20分まで　②ある　③なし　④なし　⑤予定・電話　⑥なし　⑦入学手続は試験日の翌日のみへ

タ

千葉明徳◎
①20分まで　②ある　③実施・ある程度考慮する　④なし　⑤未定　⑥2/12まで延納可　⑦適性検査型入試導入　外部会場試験は実施しない

中央大学附属◎
①認める　②ある　③なし　④なし　⑤予定・合格者へ個別に郵送通知　⑦補欠合格発表実施へ

中央大学附属横浜◎
①10分まで　②ある　③なし　④ある・受験者平均点の50%以下　⑤未定・繰り上げ合格の場合電話連絡　⑥同校中高に兄弟姉妹が同時入学する場合１名分の入学金を免除

千代田女学園○
①30分まで　②ある　③なし　④なし　⑤なし　⑥なし　⑦検討中

筑波大学附属◎
①要相談(状況により対応)　②ある　③なし　④非公表　⑤予定・掲示　⑥なし　⑦なし

筑波大学附属駒場●
①非公表(個別に対応)　②ある　③なし　④非公表　⑤予定・郵送　⑥なし　⑦なし

土浦日本大学◎
①15分まで　②ある　③なし　④なし　⑤予定・電話　⑥1/15までに第１回延納金30,000円と延納願提出により2/8まで延納可　⑦なし

鶴見大学附属◎
①１時間目の試験開始10分まで　②ある　③なし　④なし　⑤予定・電話　⑥なし　⑦なし

帝京◎
①20分まで　②ある　③なし　④なし　⑤なし　⑥なし　⑦入試日程変更2/5→2/4　2/7午前新設

帝京大学◎
①30分まで　②ある　③なし　④なし　⑤なし・行う場合掲示とインターネット　⑥なし　⑦なし

帝京冨士◎
①20分まで　②ある　③専願・後期のみ実施・ある程度考慮する　④なし　⑤予定・郵送　⑥なし　⑦なし

田園調布学園○
①状況に応じて対応　②ある　③実施・参考程度　④なし　⑤予定・電話　⑥延納届提出により2/11正午まで延納可　複数回出願の場合未受験分検定料返還可(入学手続者のみ)

桐蔭学園□・桐蔭学園中等教育●
①認める　②ある　③なし　④なし　⑤なし　⑥なし(入学金以外は3/4までに納入)　⑦四次入試日程変更2/5→2/4　出願はすべてインターネットへ

東海大学菅生高等学校◎
①認める(試験時間の延長はなし)　②ある　③実施・参考程度　④なし　⑤なし　⑥1-B入試のみ都立中高一貫校合格発表日まで延納可　2/10までに辞退届提出により全額返還

東海大学付属浦安高等学校◎
①20分まで　②ある　③なし　④なし　⑤なし　⑥Ａ・Ｂ試験は延納可　⑦Ａ・Ｂ試験延納手続金変更160,000円→100,000円　入学手続時納付金の銀行振込期間を設定し手続書類提出を制服採寸日と同一日へ

東海大学付属相模高等学校◎
①15分まで　②ある　③実施・かなり重視する　④なし　⑤なし　⑥なし　⑦インターネット出願に変更する可能性あり

東海大学付属高輪台高等学校◎
①原則認めない　②ある　③なし　④なし　⑤未定・行う場合電話　⑥なし　⑦なし

東京家政学院○
①15分まで　②ある　③なし　④なし　⑤なし　⑥なし(2/1午後適性検査合格者のみ手続締切2/10まで)　⑦2/1午後に３科目入試(国算英)実施へ

東京家政大学附属女子○
①25分まで　②ある　③なし　④なし　⑤予定・電話　⑥なし　⑦2/1午前第１回にセレクト入試を導入(国・算・社理・英から２つ選択または適性検査)

東京学館浦安◎
①20分まで　②ある　③Ⅳ期のみ実施・参考程度　④なし　⑤なし　⑥併願合格者は2/9　11:30まで延納可　⑦なし

東京純心女子○
①10分まで　②ある　③なし　④なし　⑤予定・電話　⑥なし(適性型は手続締切日を遅く設定している)　⑦３回同時出願者への優遇措置導入(2/1受験者で2/2か2/4を受験する場合、入試合計点に＋10点加算)

東京女学館○
①認める　②ある　③なし　④なし　⑤予定・電話　⑥なし　⑦インターネット出願のみへ

タ

獨協●
①認める ②ある ③なし ④なし ⑤予定・電話 ⑥施設設備費返還可 ⑦第３回日程2/5→2/4 募集定員変更第１回70名→80名・第３回40名→30名 web上での出願・入学手続を導入 第２回・第３回も当日発表を実施

獨協埼玉◎
①15分まで ②ある ③なし ④なし ⑤未定・発表方法未定 ⑥手続き金以外2/5 16:00まで延納可 ⑦第１回試験会場川口会場→大宮会場

ナ

中村○
①１時限は試験時間の延長はなし・午後入試のみ遅刻者は１時間遅れで一斉開始 ②ある ③ポテンシャル入試は実施・かなり重視する ④なし ⑤予定・電話 ⑥2/12までに辞退の場合全額返還 ⑦記述重視へ(コンピテンシー入試) ポテンシャル入試新設

西大和学園□
①20分まで ②ある ③なし ④なし ⑤未定 ⑥なし ⑦インターネット出願を開始

二松學舍大学附属柏◎
①認める(時間は状況により対応、要連絡) ②ある ③第一志望・第５回で実施・かなり重視する ④なし ⑤なし ⑥入学手続き猶予を期日までに提出により2/3 15:00まで、第４回思考力検査型は2/6 15:00まで延納可。第４回思考力検査型で都立中高一貫校受検者は公立校合格発表の翌日15:00まで延納可 ⑦第１志望と第５回では算数＋表現力検査型(作文＋自己アピール)を導入 第４回に思考力検査型入試導入 第１～第４回２科・４科選択制へ

新渡戸文化◎
①20分まで ②ある ③実施・かなり重視する ④なし ⑤未定 ⑥辞退の場合教育充実費を返還

日本学園●
①30分まで ②ある ③なし ④なし ⑤予定・電話 ⑥適性検査型は手続締切2/10 16:00まで ⑦入試日程変更2/3午後廃止、2/7午前追加 入試名変更あり

日本工業大学駒場◎
①30分まで ②ある ③なし ④なし ⑤予定・電話 ⑥なし ⑦適性検査型入試導入(2/1午前・2/7午前) 2/7特別選抜を追加(適性検査か得意科目２科目) 特待制度変更(すべての回で１・２・３年間授業料免除、特待回で６年間免除を追加) 2/1午前手続締切日変更(一般→2/6・適性検査型→2/10) インターネット出願導入 入試得点により中１より特進クラスを編成

日本女子大学附属○
①50分まで ②ある ③実施・参考程度 ④なし ⑤予定・電話 ⑥施設設備費2/9まで延納可 3/31までに辞退の場合施設設備費を返還

日本大学◎
①20分まで ②ある ③なし ④なし ⑤未定 ⑦グローバルリーダーコースを新設

日本大学第一◎
①認める ②ある ③なし ④なし ⑤未定 ⑥なし ⑦入試回数３回→４回(2/3入試新設)

日本大学第三◎
①10分まで ②ある ③なし ④なし ⑤予定・電話 ⑦入試回数増２回→３回(2/1・2/2・2/3) 第３回(２科)以外２科・４科選択制へ

日本大学第二◎
①20分まで ②ある ③実施・参考程度 ④なし ⑤予定・掲示とインターネット ⑥2/12正午までに学校窓口にて所定の手続を行えば施設設備資金186,000円を返還 ⑦なし

日本大学豊山●
①20分まで ②ある ③なし ④なし ⑤予定・電話 ⑥なし ⑦第４回変更2/5午前(４科)→2/3午後(２科) 募集定員変更第１回125名→120名 第２回45名→50名

日本大学豊山女子○
①30分まで ②ある ③なし ④なし ⑤予定・電話 ⑥なし ⑦WEB出願導入

日本大学藤沢◎
①20分まで ②ある ③なし ④なし ⑤なし ⑥なし ⑦なし

ハ

函館白百合学園○
①30分まで ②ある ③函館での入試・首都圏後期は実施・ある程度考慮する(函館入試) ④50点程度 ⑤なし ⑦首都圏後期入試実施へ 函館一般でスカラーシップ制度を導入

函館ラ・サール●
①30分まで ②ある ③なし ④なし ⑤予定・電話 ⑥第１次合格者は手続期間内に延納手続金50,000円納入により残額を2/2まで延納可 ⑦なし

八王子学園八王子◎
①20分まで ②ある ③なし ④なし ⑤なし ⑥なし ⑦新コース制・スライド合格／チャレンジ合格制・適性検査型入試・２科４科選択制を導入

八王子実践◎
①20分まで ②ある ③実施・かなり重視 ④なし ⑤未定 ⑥入学金以外返還可 ⑦入試回数２回→３回

日出学園◎
①認める(時間制限なし・要相談) ②ある ③実施・参考程度 ④なし ⑤なし ⑥延納可 ⑦web出願へ

広尾学園◎
①30分まで ②ある ③なし ④なし ⑤未定 ⑥なし ⑦なし

フェリス女学院○
①認める ②ある ③実施・参考程度 ④なし ⑤未定・行う場合電話 ⑥辞退の場合所定の手続により納入金の一部を返還 ⑦日程変更→2/1入試・2/2合格発表・2/3入学手続締切

富士見○
①10分まで ②ある ③なし ④なし ⑤予定・掲示とインターネット ⑥2/13までに辞退の場合52,000円返還 ⑦なし

富士見丘○
①20分まで ②原則なし(要相談) ③WILL入試・２科３科入試で実施・WILL入試かなり重視する・２科３科入試参考程度 ④なし ⑤なし ⑥３月末までに辞退の場合入学金以外を返還 ⑦思考力入試実施(2/1・2/2) 英語特別コース新設

藤村女子○
①認める(試験時間の延長はなし。ただし交通機関の乱れ等の場合は別室受験) ②ある ③なし ④なし ⑤なし・行う場合手渡し(ただし2/1・2/2入試はインターネット発表あり) ⑥なし ⑦なし

武相●
①20分まで ②ある ③なし ④なし ⑤未定

雙葉○
①認めない ②状況により対応 ③実施・参考程度 ④なし ⑤なし

武南◎
①20分まで ②ある ③なし ④なし ⑤予定・電話 ⑥施設費返還可 ⑦2/5第４回を新設

普連土学園○
①30分まで ②ある ③なし ④なし ⑤予定・電話 ⑥入学金分納制度あり(利用により手続締切を延長できる)

文化学園大学杉並○
①認める ②ある ③なし ④なし ⑤予定・電話 ⑥A型(適性型)受験者は公立中高一貫校合格発表日まで延納可 ⑦なし

文華女子○
①20分まで ②ある ③なし ④なし ⑤なし ⑥なし ⑦入試日程変更2/1午前午後 2/2午前午後の４回へ

文京学院大学女子○
①場合により認める ②ある ③なし ④ある・基準点は未定 ⑤未定

文教大学付属◎
①15分まで ②ある ③なし ④なし ⑤なし ⑦web出願を開始

法政大学◎
①原則認めないが状況により対応 ②ある ③なし ④なし ⑤予定・電話

法政大学第二◎
①認める ②ある ③なし ④なし ⑤未定・行う場合電話 ⑥3/31 16:00までに入学辞退届提出により教育充実費50,000円を返還 ⑦共学化にともない募集定員を変更 帰国生入試別枠へ(1/10実施)

宝仙学園理数インター◎
①認めない ②ある ③なし ④なし ⑤なし ⑥辞退の場合一部返還可 ⑦リベラルアーツ入試を導入

星野学園◎
①認める(試験時間の延長はなし) ②ある ③なし ④なし ⑤なし ⑥施設費返還可 ⑦理数選抜入試３回→２回 進学クラス入試３回→２回(受験科目国算) 総合選抜入試新設

本郷●
①20分まで ②ある ③なし ④なし(ただし０点は不合格) ⑤予定・電話 ⑥複数回出願の場合未受験分検定料返還可(入学手続者のみ)

本庄東高等学校附属◎
①15分まで ②なし ③なし ④なし ⑤予定・電話 ⑥第１回・第２回合格者は延納願提出により第３回手続締切日まで延納可 全回とも第３回締切日までに辞退を申し出た場合施設拡充費を返還 ⑦なし

マ

聖園女学院○
①20分まで(公共交通機関遅延の場合開始40分まで・試験時間も延長) ②ある ③実施・まったく合否には関係しない ④なし ⑤予定・電話 ⑥なし ⑦帰国生入試日程と入試科目変更あり

横須賀学院◎
①認める　②ある　③英語入試のみ実施・ある程度考慮する　④なし・ただし30点以下の場合答案を精査する　⑤未定　⑥施設費延納可　⑦2/1午前適性検査型入試導入

横浜●
①20分まで　②ある　③なし　④なし　⑤予定・電話　⑥施設費返還可

横浜共立学園○
①認めない　②ある　③実施・かなり重視する　④なし　⑤未定・電話　⑥延納・返還制度あり　⑦なし

横浜女学院○
①20分まで　②ある　③なし　④なし　⑤未定　⑥2/29までに辞退の場合施設費を返還　⑦インターネット出願を開始

横浜翠陵◎
①認める　②ある　③なし　④なし　⑤なし　⑥3/31　16:00までに辞退申請により入学金以外を返還　⑦グローバルチャレンジクラス(中高一貫クラス)設置

横浜創英◎
①10分まで　②ある　③なし　④ある　⑤未定　⑥3/31までに辞退届提出により手続時納入金の一部を返還　延納は要相談　⑦なし

横浜隼人◎
①20分まで　②ある　③なし　④なし　⑤未定　⑥第２回適性検査型合格者は延納願提出により2/12正午まで延納可　⑦受験回５回→４回　適性検査型入試を導入　１教科(国算英)＋作文入試を導入

横浜富士見丘学園○
①20分まで　②ある　③なし　④なし　⑤なし・掲示とインターネット　⑥なし　⑦2/1午前第１回Ａ、国英２科と適性検査型入試選択可へ　2/5午前第４回を追加

横浜雙葉○
①15分まで(災害や交通事情などのアクシデントの場合のみ時間延長)　②ある　③実施・参考程度　④なし　⑤未定・電話　⑥3/31までに辞退の場合施設設備資金を返還

ラ

立教池袋●
①認める(状況により校長が判断)　②ある　③第二回(AO入試)のみ実施・かなり重視する　④なし　⑤予定・掲示とインターネット　⑥2/8　10:00までに辞退を申し出た場合維持資金の一部100,000円を返還　⑦なし

立教女学院○
①認める　②ある　③実施・まったく合否には関係しない　④なし　⑤なし・行う場合その他の方法　⑥2/9正午までに所定の辞退届提出により施設費および藤の会入会金を返還

立教新座●
①25分まで　②ある　③なし　④なし　⑤予定・インターネットと電話　⑥2/20正午までに所定の手続にて辞退した場合入学金以外を返還

立正大学付属立正◎
①20分まで　②ある　③なし　④なし　⑤なし・行う場合掲示とインターネット　⑦英国・英算入試、適性検査型入試を導入

麗澤◎
①20分まで　②ある　③なし　④なし　⑤なし　⑦第１回・第２回で英語入試を実施　インターネット出願導入

ワ

早稲田●
①25分まで　②ある　③なし　④なし　⑤未定・行う場合電話　⑥応相談　⑦なし

早稲田実業◎
①20分まで　②ある　③なし　④なし　⑤なし

早稲田摂陵◎
①20分まで　②ある　③なし　④なし　⑤なし　⑥なし　⑦なし

早稲田大学高等学院●
①認める(時間は事情により異なる)　②別室受験の準備あり　③実施　⑤未定　⑥所定の手続により入学金以外を返還

和洋九段女子○
①20分まで　②ある　③なし　④なし　⑤未定・行う場合電話　⑥なし　⑦第４回日程変更2/3午前→2/3午後

和洋国府台女子○
①15分まで　②ある　③なし　④30点程度　⑤なし　⑥なし　⑦インターネット出願を開始　出願書類変更あり(通知簿等の提出なしへ)

マ

三田国際学園◎
①20分まで　②ある　③なし　④なし　⑤未定　⑥なし　⑦募集定員変更120名→160名　英語１科入試全５回実施→２・４回の２回実施へ　web出願導入

緑ヶ丘女子○
①30分まで　②ある　③なし　④なし　⑤なし

三輪田学園○
①15分まで　②ある　③なし　④なし　⑤予定・電話　⑥なし　⑦定員変更第１回約90名→92名(帰国生含む)　第２回約55名→55名(帰国生含む)

武蔵●
①状況により判断　②ある(実施は状況により判断)　③なし　④なし　⑤予定・電話　⑦なし

武蔵野◎
①20分まで　②ある　③実施・かなり重視する　④なし　⑤なし　⑥なし　⑦2/1午後の第１回を取りやめ　第４回日程変更2/6→2/8　午後入試時差受験制度取りやめ　帰国生入試の入試科目国算英の３科のみへ

武蔵野女子学院○
①25分まで　②ある　③なし　④なし　⑤予定・電話　⑥公立中高一貫校併願者は延納可　⑦日程等変更あり

武蔵野東◎
①20分まで　②ある　③実施・ある程度考慮する　④ある　⑤予定・電話　⑥第１回午後２科受験において、国公立中(千代田区立九段含む)併願者は発表日まで延納可　3/31までに辞退を申し出た場合施設維持費返還　⑦第１回午後にて３科入試(国算英)実施へ

茗溪学園◎
①30分まで　②ある　③一般第２回で実施・かなり重視する　④ある(点数は非公表)　⑤予定・掲示とインターネット　⑥グローバルコースＡＯ(Ｂ日程)と一般第１回は1/13までに50,000円と印鑑を持参し学校にて手続をすれば入学金延納可　⑦なし

明治学院◎
①認める(試験時間の延長はなし)　②ある　③なし　④３割程度　⑤予定・電話　⑥なし　⑦すべてweb出願へ

明治大学中野八王子◎
①30分まで　②ある　③なし　④なし　⑤なし　⑥なし

明治大学付属中野●
①原則認めない(事情による)　②ある　③なし　④なし　⑤未定・行う場合電話　⑥なし

明治大学付属明治◎
①30分まで　②ある　③なし　④なし　⑤予定・電話　⑥併願受験校の合格発表の翌日まで入学諸費用の一部延納可

明星◎
①15分まで　②ある　③実施・かなり重視する　④なし　⑤未定・掲示とインターネット　⑦MGS入試開始

明法●
①１限終了まで　②ある　③なし　④なし　⑤なし　⑥なし

目黒学院◎
①認める　②ある　③実施・参考程度　④なし　⑤未定　⑥3/31までに辞退を申し出た場合入学手続時納付金を返還

目黒星美学園○
①50分まで　②ある　③なし　④なし　⑤未定・電話　⑦入試日程と受験科目変更あり

目白研心◎
①15分まで　②ある　③なし　④なし　⑤なし　⑥なし　⑦英語入試に100ワード程度の英作文を導入

森村学園◎
①20分まで　②ある　③なし　④なし　⑤未定・行う場合電話　⑥施設維持費2/12まで延納可　⑦帰国生入試採点方法変更(国算合計点と国算英合計点の換算点のよい方で判断)

ヤ

八雲学園○
①認める　②ある　③なし　④なし　⑤なし　⑥なし　⑦第１回～第４回すべて２科・４科選択へ

安田学園◎
①20分まで　②ある　③なし　④なし　⑤なし　⑥辞退の場合入学金以外返還　⑦出願・入学手続等すべてWEBへ

山手学院◎
①15分まで　②ある　③なし　④なし　⑤予定・電話

山脇学園○
①20分まで　②ある　③なし　④なし　⑤予定・電話　⑥2/7までに辞退の場合学園維持整備費100,000円を返還　⑦一般入試で英語特別枠入試実施(国算英型定員20名)

MEISEI

MGSクラスの設置 !!

明星高等学校は来年度より
難関国公立・私立大への進学を目指す生徒を対象とした
MGS〔Meisei Global Science〕クラスを設置します。

学校説明会

第5回 11月20日(金) 19:00～ ［Evening（お仕事帰りにどうぞ）］

第6回 12月 5日(土) 14:00～ ［小6対象入試問題解説・入試対策授業（要予約）］

第7回 1月16日(土) 15:00～ ［小6対象面接リハーサル(要予約)］

※説明会のみのご参加は予約不要です。
※各説明会、イベントの詳細は、開催日近くになりましたらホームページでご確認ください。

学校見学

月～金曜日 9:00～16:00
土曜日 9:00～14:00

※日曜・祝日はお休みです。
※事前のご予約が必要です。

2016年度　入試概要

		第1回	第2回	第3回
試験日		2月1日（月）	2月2日（火）	2月4日（木）
募集人数	本科	約80名	約10名	約10名
	MGS	約20名	約10名	約10名
試験科目	本科	2科（国語・算数）、面接		
	MGS	4科（国語・算数・社会・理科）、面接		
合格発表	各試験日の16:00～ 本校での掲示発表、およびインターネットでの発表			

ご予約、お問い合わせは入学広報室までTEL．FAX．メールでどうぞ

平成28年度
MGSクラス設置

MEISEI

明星中学校

〒183-8531　東京都府中市栄町1－1
入学広報室　TEL　042-368-5201（直通）　FAX　042-368-5872（直通）
（ホームページ）　http://www.meisei.ac.jp/hs/　　（E-mail）pass@pr.meisei.ac.jp

交通／京王線「府中駅」
JR中央線／西武線「国分寺駅」
徒歩約20分
またはバス（両駅とも2番乗場）約7分「明星学苑」下車
JR武蔵野線「北府中駅」より徒歩約15分

まだまだ行ける！

2015年 11月10日（火） ➡ 2016年 1月30日（土）

●男子校
○女子校
◎共学校
□別学校

学校説明会

データ提供：森上教育研究所

原則的に受験生と保護者対象のイベントを掲載しています。保護者または受験生のみが対象の場合はそれぞれ「保護者」「受験生」と記載しています。

対象学年についての詳細は各中学校にご確認ください。
※日程や時間などは変更になる場合もございます。おでかけの際にはかならず各中学校にご確認ください。

学校名	行事内容	開催日	開始時間	予約	備考
○大妻中野	アフターアワーズ説明会	11月19日（木）	19:00	要	
	オープンデー	11月29日（日）	10:45	不	
	入試問題説明会	12月12日（土）	10:15	不	
		1月6日（水）	10:00	不	
	入試体験	1月6日（水）	10:00	要	受験生
◎大宮開成	入試対策会	11月22日（日）	9:00	要	受験生
	学校説明会	11月26日（木）	10:00	不	
		12月5日（土）	10:00	不	
		12月14日（月）	10:00	不	
○小野学園女子	学校説明会	11月14日（土）	14:00	要	
		12月5日（土）	10:00	要	
		1月16日（土）	10:00	要	
カ ◎開智	学校説明会	11月21日（土）	10:00	不	保護者
	入試問題説明	12月5日（土）	14:00	不	
◎開智未来	入試対策サプリ	11月23日（月）	9:30	不	6年生
	未来型入試対策サプリ	12月5日（土）	9:30	不	6年生
	入試対策サプリ	12月20日（日）	9:30	不	6年生
◎かえつ有明	学校説明会	11月22日（日）	10:00	不	
	入試体験	12月12日（土）	8:30	要	
	学校説明会	12月20日（日）	10:00	不	
		1月16日（土）	10:00	不	
		1月27日（水）	10:00	不	
●学習院	入試説明会・学校説明会	11月21日（土）	14:00	不	
○学習院女子	学校説明会	11月21日（土）	14:00	不	3～5年生、学習院女子大学やわらぎホール他
		11月21日（土）	15:30	不	6年生、学習院女子大学やわらぎホール他
◎春日部共栄	学校説明会	11月28日（土）	10:00	不	
		12月12日（土）	10:00	不	
		12月20日（日）	10:00	不	
◎片山学園	入試問題研究会	11月22日（日）	10:00	要	
	合格アドバイス会	12月5日（土）	14:00	要	
○神奈川学園	学校説明会	11月21日（土）	10:30	不	
	入試問題説明会	12月12日（土）	8:30	要	
	学校説明会	1月9日（土）	10:30	不	
◎神奈川大学附属	入試説明会	11月11日（水）	10:50	要	
		11月28日（土）	10:50	要	
		12月9日（水）	10:50	要	
	学校見学会	12月までの土曜日	10:30	要	
○鎌倉女子大学	学校説明会	11月14日（土）	10:00	不	
	入試直前対策会	12月12日（土）	10:00	要	6年生
		1月16日（土）	10:00	要	6年生
○カリタス女子	入試説明会	11月23日（月）	9:30	要	受験生
		11月23日（月）	14:30	要	受験生
	夜のミニ説明会	12月16日（水）	18:00	要	
○川村	鶴友祭	11月14日（土）	10:00	要	
		11月15日（日）	10:00	要	
	ミニ説明会	11月21日（土）	14:00	要	
	チャレンジ講座	11月21日（土）	14:00	要	
	ミニ説明会	12月12日（土）	14:00	要	
	チャレンジ講座	12月12日（土）	14:00	要	
	ミニ説明会	1月9日（土）	14:00	要	
	チャレンジ講座	1月9日（土）	14:00	要	

学校名	行事内容	開催日	開始時間	予約	備考
ア ●足立学園	入試問題解説会	11月14日（土）	10:00	要	
	ミニ説明会	12月9日（水）	18:00	要	初めての方対象
	入試説明会	12月12日（土）	10:00	不	
	小6生徒対象直前対策	1月16日（土）	10:00	要	受験生
◎アレセイア湘南	入試体験	11月14日（土）	9:30	要	6年生
	学校説明会	11月14日（土）	10:00	不	5、6年生
	スクールガイド	12月12日（土）	10:00	要	5、6年生
	学校説明会	1月9日（土）	10:00	不	5、6年生
	スクールガイド	1月16日（土）	10:00	要	5、6年生
◎茨城キリスト教学園	Winter Festival at ICJH	12月12日（土）	14:00	不	
	クリスマス礼拝	12月19日（土）	9:30	不	
◎上野学園	中学校入試体験	11月22日（日）	10:00	要	5、6年生
	学校説明会	12月12日（土）	10:00	要	
		1月9日（土）	10:00	要	
○浦和明の星女子	学校説明会	12月5日（土）	9:30	不	
◎浦和実業学園	公開授業	11月17日（火）	9:00	不	3～6年生
	入試問題学習会	11月22日（日）	10:00	不	3～6年生、学校説明会同時開催
		12月20日（日）	10:00	不	3～6年生、学校説明会同時開催
	トワイライトミニ説明会	12月25日（金）	18:20	要	保護者
	午後のミニ説明会	12月26日（土）	13:30	要	3～6年生
	午前のミニ説明会	1月5日（火）	10:00	要	3～6年生
		1月6日（水）	10:00	要	3～6年生
◎穎明館	学校説明会	12月5日（土）	10:00	不	
◎江戸川学園取手	入試説明会	11月28日（土）	10:00	不	
○江戸川女子	学校説明会	11月14日（土）	10:00	不	
		12月5日（土）	10:00	不	
○桜華女学院	学校説明会	11月14日（土）	14:30	不	
		11月21日（土）	14:30	不	
		11月28日（土）	14:30	不	
		12月5日（土）	14:30	不	
	個別相談会	12月12日（土）	14:30	不	
		12月26日（土）	14:30	不	
		1月9日（土）	14:30	不	
◎桜美林	入試説明会	12月12日（土）	10:00	不	
	クリスマスキャロリング	12月19日（土）	16:00	不	桜美林中学校チャペル
	入試説明会	1月9日（土）	14:00	不	
○鷗友学園女子	学校説明会	11月17日（火）	10:00	要	保護者
		12月12日（土）	10:00	要	
	入試対策講座	12月12日（土）	13:00	要	
		12月12日（土）	15:00	要	
○大妻	入試説明会	11月21日（土）	14:00	要	6年生、大妻講堂
	ナイト（夜）入試説明会	12月2日（水）	18:30	要	6年生、大妻講堂
	学校説明会	12月20日（日）	10:30	要	大妻講堂
○大妻多摩	学校説明会	11月16日（月）	10:00	不	3～6年生
	入試模擬体験	11月23日（月）	10:00	要	6年生
	最後の入試説明会	1月6日（水）	10:00	要	6年生
	合唱祭	1月22日（金）	11:45	要	パルテノン多摩
○大妻中野	入試問題説明会	11月14日（土）	10:15	不	

まだまだ行ける！ 学校説明会

学校名	行事内容	開催日	開始時間	予約	備考
○京華女子	中学説明会	12月26日(土)	10:30	不	
		1月10日(日)	10:30	不	6年生
	直前ナイト説明会	1月15日(金)	18:00	不	
○恵泉女学園	入試説明会	11月21日(土)	10:30	要	6年生
		11月21日(土)	14:00	要	6年生
	学校説明会	12月5日(土)	10:00	不	
	入試説明会	12月10日(木)	10:00	不	6年生
	クリスマス礼拝	12月17日(木)	13:00	要	
	入試説明会	1月12日(火)	10:00	不	6年生
○光塩女子学院	親睦会(バザー)	11月15日(日)	9:30	不	
	学校説明会	11月21日(土)	10:00	不	
	過去問説明会	12月5日(土)	14:00	要	6年生
	校内見学会	1月9日(土)	10:30	要	6年生
		1月23日(土)	10:30	要	6年生
○晃華学園	学校説明会	11月28日(土)	10:00	不	3～5年生
	入試説明会	11月28日(土)	13:30	不	6年生
	学校見学会	12月5日(土)	10:00	要	
		1月9日(土)	10:00	要	
◎工学院大学附属	ハイブリッドクラス授業見学会	11月17日(火)	11:30	不	
	入試本番模擬体験	11月29日(日)	9:00	要	
	学校説明会	11月29日(日)	10:00	不	
	クリスマス説明会&相談会	12月19日(土)	14:00	不	
	学校説明会	1月9日(土)	14:00	不	
●攻玉社	オープンスクール	11月14日(土)	13:30	要	
	土曜説明会	11月28日(土)	11:00	要	
	入試説明会	12月5日(土)	10:20	不	6年生
	土曜説明会	1月23日(土)	11:00	要	
○麹町学園女子	学校説明会	11月19日(木)	10:30	不	
		12月5日(土)	10:30	不	
	入試直前！入試体験	12月20日(日)	9:00	要	5、6年生
	5年生以下対象体験イベント	12月20日(日)	14:30	要	3～5年生
	入試説明会	1月14日(木)	10:30	不	
		1月24日(日)	10:30	不	
●佼成学園	学校説明会	11月20日(金)	18:30	不	
		12月12日(土)	14:00	不	
	中学入試問題解説会	12月12日(土)			学校説明会内で実施
	学校説明会	1月9日(土)	14:00	不	
	中学入試体験会	1月9日(土)			学校説明会内で実施
○佼成学園女子	学校説明会	11月15日(日)	10:00	要	
	PISA型入試問題学習会	12月5日(土)	14:00	要	5、6年生
	学校説明会	12月13日(日)	10:00	要	
		1月9日(土)	14:00	要	
	出願直前個別相談会	1月16日(土)	10:00	不	6年生
○国府台女子学院	学校説明会	11月14日(土)	10:00	不	
	学校見学会	11月21日(土)	10:00	要	
		12月5日(土)	10:00	要	
○香蘭女学校	学校説明会	11月14日(土)	14:00	不	
	バザー	11月23日(月)	10:00	不	
□國學院大學久我山	STクラス説明会	11月14日(土)	13:15	要	
	学校説明会	11月27日(金)	13:30	要	調布グリーンホール
	中学入試もぎ体験～4教科この一問～	12月20日(日)	10:00	要	
◎国際学院	入試対策学習会	11月14日(土)	10:00	要	3～6年生
	イブニング学校説明会	11月25日(水)	18:30	要	3～6年生、国際学院埼玉短期大学
	入試対策学習会	12月5日(土)	14:00	要	3～6年生
	学校説明会	12月19日(土)	10:00	要	3～6年生、国際学院埼玉短期大学
◎国士舘	授業見学会	11月11日(水)	10:20	不	
	入試説明会	11月15日(日)	10:00	不	
		11月28日(土)	14:00	不	
	校内言動(弁論)大会	12月4日(金)	9:30	不	保護者
	入試説明会チャレンジ入試	12月5日(土)	14:00	要	6年生
	入試説明会	1月9日(土)	14:00	不	6年生
◎駒込	個別相談会	11月14日(土)	9:00	不	
	過去問テスト体験・解説(国+社または英)	11月21日(土)	10:00	要	
	個別相談会	11月22日(日)	9:00	不	
		11月28日(土)	9:00	不	
		12月5日(土)	9:00	不	
	過去問テスト体験・解説(算+理または英)	12月19日(土)	10:00	要	
	入試トライアル	1月10日(日)	10:00	要	

学校名	行事内容	開催日	開始時間	予約	備考
○川村	ミニ説明会	1月23日(土)	14:00	要	
	チャレンジ講座	1月23日(土)	14:00	要	
○神田女学園	学校説明会	11月14日(土)	14:00	不	
	入試模擬体験	12月13日(日)	8:30	要	4～6年生
	クリスマスコンサート	12月19日(土)	13:30	不	
	学校説明会	1月9日(土)	10:00	不	
		1月23日(土)	10:00	不	
◎関東学院	入試説明会	12月5日(土)	9:30	不	6年生
		12月5日(土)	13:30	不	6年生
	過去問勉強会	12月5日(土)	9:30	要	受験生(6年生)
		12月5日(土)	13:30	要	受験生(6年生)
◎関東学院六浦	6年生のための勉強会	11月14日(土)	8:50	要	
	ミニ説明会	11月14日(土)	9:30	不	
	学校説明会	11月14日(土)	10:00	不	
		12月5日(土)	10:00	不	
○函嶺白百合学園	クリスマス会	12月17日(木)	10:00	要	
	入試個別相談会	12月17日(木)	10:00	要	
		1月16日(土)	13:00	要	
○北鎌倉女子学園	入試過去問題学習会	11月14日(土)	9:30	要	6年生
	音楽科定期演奏会	11月14日(土)	13:30	不	鎌倉芸術館大ホール
	音楽コース個別相談会	11月28日(土)	9:00	不	
	音楽科入試実技試演会	12月5日(土)	9:10	要	6年生
	ミニ説明会	12月5日(土)	10:00	要	
		1月9日(土)	10:00	要	
○北豊島	授業見学週間	11月10日(火)	9:00	要	
		11月11日(水)	9:00	要	
		11月12日(木)	9:00	要	
		11月13日(金)	9:00	要	
		11月14日(土)	9:00	要	
	学校説明会	11月15日(日)	10:00	要	
	特別奨学生セミナー	11月22日(日)	9:00	要	
	ギター発表会、合唱コンクール	11月28日(土)	8:30	要	
	学校説明会	11月28日(土)	11:00	要	
	授業見学週間	11月30日(月)	9:00	要	
		12月1日(火)	9:00	要	
		12月2日(水)	9:00	要	
		12月3日(木)	9:00	要	
		12月4日(金)	9:00	要	
		12月5日(土)	9:00	要	
	学校説明会	12月13日(日)	10:00	要	
	特別奨学生セミナー	12月23日(水)	9:00	要	
	入試説明	12月27日(日)	10:00	要	
		1月10日(日)	10:00	要	
○吉祥女子	学校説明会	11月21日(土)	10:30	不	6年生
		11月21日(土)	14:00	不	3～5年生
	中学入試問題説明会	12月6日(日)	10:30	不	6年生
		12月6日(日)	14:00	不	6年生
◎共栄学園	模擬入試体験会	11月15日(日)	9:30	要	保護者には説明会を実施
		12月20日(日)	9:30	要	保護者には説明会を実施
	秋の見学会	12月20日(日)までの土日祝	10:00	不	
			11:00	不	
			13:00	不	
			14:00	不	
○共立女子	学校説明会	12月5日(土)	10:00	不	6年生
	ナイト入試説明会	12月18日(金)	18:30	不	保護者
○共立女子第二	入試問題解説	12月5日(土)	14:00	不	
	適正検査型入試のための中学校説明会	12月19日(土)	14:00	不	
	中学入試体験	12月20日(日)	9:30	要	
	中学入試直前説明会	1月16日(土)	11:00	不	
◎国立音楽大学附属	学校説明会	12月6日(日)	14:00	不	
◎公文国際学園	入試説明会	12月13日(日)	10:00	不	
●京華	入試説明会	11月28日(土)	14:30	不	
	入試問題解説(国・算)	11月28日(土)	14:30	不	受験生
	ナイト説明会	12月11日(金)	18:00	要	保護者
	個別相談会	12月20日(日)	10:30	不	
	入試説明会	12月20日(日)	14:30	不	
	入試問題解説(理・社)	12月20日(日)	14:30	不	受験生
	入試説明会	1月10日(日)	9:00	不	
	模擬入試体験	1月10日(日)	9:00	不	受験生
	個別相談会	1月17日(日)	10:30	不	
○京華女子	中学説明会	11月14日(土)	10:30	不	
		11月23日(月)	10:30	不	
	入試問題セミナー	12月13日(日)	9:00	要	

学校名	行事内容	開催日	開始時間	予約	備考
○淑徳ＳＣ	学校説明会	11月23日(月)	11:00	不	
		11月28日(土)	14:00	不	
		11月29日(日)	11:00	不	
		12月5日(土)	14:00	不	
		12月6日(日)	11:00	不	
		12月12日(土)	14:00	不	
		12月13日(日)	14:00	不	
		1月9日(土)	14:00	不	
		1月16日(土)	14:00	不	
◎淑徳巣鴨	入試体験+説明会	11月22日(日)	9:00	要	
	学校説明会	12月20日(日)	11:00	要	
	入試対策説明会午前の部	1月10日(日)	11:00	要	
	入試対策説明会午後の部	1月10日(日)	14:00	要	
○淑徳与野	学校説明会	11月28日(土)	10:00	不	
		12月11日(金)	13:30	不	
◎順天	学校説明会	11月14日(土)	13:00	不	
		12月12日(土)	13:00	不	
	弁論・読書感想発表会	11月19日(木)	13:30	要	
○頌栄女子学院	学校説明会	11月12日(木)	10:15	要	保護者
	クリスマスこども会	11月28日(土)	13:00	要	
●城西川越	学校説明会	11月12日(木)	10:30	不	
	問題解説学習会	11月23日(月)	9:00	要	受験生
		11月23日(月)	13:10	要	受験生
	入試相談会	12月5日(土)	9:00	要	6年生
	学校説明会	12月5日(土)	14:30	不	
◎城西大学附属城西	音楽鑑賞会	11月16日(月)	13:00	不	東京芸術劇場
	学校説明会	11月21日(土)	14:30	不	
		12月12日(土)	14:30	不	
		1月9日(土)	10:00	不	
◎常総学院	入試説明会	11月21日(土)	10:00	要	
	入試説明会in柏の葉	12月5日(土)	15:00	要	
◎湘南学園	入試説明会	11月18日(水)	9:30	要	
	公開授業	11月20日(金)	10:00	不	
	入試説明会	12月19日(土)	9:00	要	6年生
	冬の学校見学期間	1月9日(土)	10:00	要	
		1月9日(土)	11:00	要	
		1月12日(火)	10:00	要	
		1月12日(火)	11:00	要	
		1月13日(水)	10:00	要	
		1月13日(水)	11:00	要	
		1月14日(木)	10:00	要	
		1月14日(木)	11:00	要	
		1月15日(金)	10:00	要	
		1月15日(金)	11:00	要	
		1月16日(土)	10:00	要	
		1月16日(土)	11:00	要	
	合唱コンクール	1月22日(金)	10:00	不	鎌倉芸術館大ホール
	冬の学校見学期間	1月23日(土)	10:00	要	
		1月23日(土)	11:00	要	
●城北埼玉	学校説明会	11月20日(金)	10:00	不	
		12月5日(土)	10:00	不	
◎翔凜	校長ミニ説明会	11月14日(土)	10:00	不	保護者
	入試説明会・学校説明会	11月22日(日)	10:00	不	
	個別相談会	11月29日(日)	10:00	不	
		12月20日(日)	10:00	不	
○昭和女子大学附属昭和	昭和祭	11月14日(土)	10:00	不	
		11月15日(日)	10:00	不	
	学校説明会	11月23日(月)	10:00	不	
	入試問題解説授業	11月23日(月)	10:00	要	受験生(6年生)
	学校説明会	12月20日(日)	10:00	不	
	入試解説・体験授業・体験クラブ	12月20日(日)	10:00	要	受験生
	学校説明会	1月9日(土)	10:00	不	
	イングリッシュフェスティバル	1月15日(金)	8:45	不	
○女子聖学院	学校説明会	11月14日(土)	14:00	不	
		1月9日(土)	10:00	不	
	プレシャス説明会	1月9日(土)	11:00	要	保護者
○女子美術大学付属	公開授業	11月21日(土)	8:35	不	
		11月28日(土)	8:35	不	
	入試説明会・学校説明会	11月28日(土)	14:00	不	3～6年生
	入試学校説明会	12月5日(土)	14:00	不	3～6年生
		1月9日(土)	14:00	不	3～6年生
○白梅学園清修	授業見学会&ミニ説明会	11月14日(土)	10:00	要	
	入試説明会	11月21日(土)	14:00	要	
	入試個別相談会	12月19日(土)		要	

学校名	行事内容	開催日	開始時間	予約	備考
カ ○駒沢学園女子	入試説明会	11月21日(土)	13:30	不	
	入試シュミレーション	12月12日(土)	12:30	要	受験生(6年生)
	入試直前説明会	1月9日(土)	13:30	不	
サ ◎埼玉栄	入試問題学習会	11月21日(土)	10:00	要	
	学校説明会	12月5日(土)	10:40	不	
	入試問題学習会	12月12日(土)	10:00	要	
	学校説明会	12月25日(金)	10:40	不	
◎埼玉平成	個別相談会	11月21日(土)	13:00	要	
	合唱コンクール	11月28日(土)	10:00	不	
	個別相談会	11月28日(土)	13:00	要	
	入試説明会	12月5日(土)	10:00	要	
	個別相談会	12月5日(土)	13:00	要	
		12月12日(土)	13:00	要	
		12月19日(土)	13:00	要	
		12月26日(土)	13:00	要	
◎栄東	入試問題学習会	11月23日(月)	8:30	要	受験生(6年生)
	入試説明会	11月23日(月)	8:40	不	
	入試問題学習会	11月23日(月)	14:00	要	受験生(6年生)
	入試説明会	11月23日(月)	14:10	不	
		12月12日(土)	10:00	不	
○相模女子大学	ナイト説明会	11月20日(金)	19:00	不	センチュリー相模大野
	学校説明会	12月5日(土)	10:00	要	
	ナイト説明会	12月18日(金)	19:00	不	センチュリー相模大野
	学校説明会	1月9日(土)	10:00	不	
	ナイト説明会	1月20日(水)	19:00	不	センチュリー相模大野
	主張コンクール	1月23日(土)	9:00	不	
◎桜丘	入試説明会	11月15日(日)	10:00	要	
		12月12日(土)	14:00	要	
	入試対策会	12月23日(水)	9:00	要	
	入試説明会	1月16日(土)	14:00	要	
◎狭山ヶ丘高等学校付属	学校見学説明会	11月14日(土)	10:00	不	
	入試個別相談会	11月14日(土)	13:30	不	
	学校見学説明会	12月5日(土)	10:00	不	
	入試個別相談会	12月5日(土)	13:30	不	
		12月12日(土)	9:00	不	
		12月20日(日)	9:00	不	
		12月27日(日)	9:00	不	
●サレジオ学院	学校説明会	11月14日(土)	14:00	要	保護者
◎志學館	入試説明会	11月14日(土)	10:00	要	
	入試相談会	12月12日(土)	10:00	要	6年生
◎自修館	入試説明会	11月28日(土)	10:00	要	
		12月5日(土)	10:00	不	
◎実践学園	入試説明会	11月21日(土)	10:30	不	
		11月27日(金)	18:00	不	
		12月20日(日)	14:00	不	
		1月16日(土)	14:00	不	
○品川女子学院	オープンキャンパス	11月14日(土)	14:00	要	
	学校説明会	11月20日(金)	10:00	要	保護者
	校舎見学会	11月21日(土)	9:40	要	保護者
	これからの中学受験を考える方のための説明会	11月26日(木)	10:00	要	保護者
	校舎見学会	11月28日(土)	9:40	要	保護者
	学校説明会	12月5日(土)	10:00	要	保護者
	長期休暇中校舎見学会	12月26日(土)	13:30	要	
		12月28日(月)	13:30	要	
	入試説明会夜の部	1月8日(金)	18:50	要	保護者
	校舎見学会	1月9日(土)	9:40	要	保護者
		1月16日(土)	9:40	要	保護者
●芝	学校説明会	11月28日(土)	11:00	不	
●芝浦工業大学	中学校説明会	11月28日(土)		要	4～6年生
		1月9日(土)		要	4～6年生
◎渋谷教育学園渋谷	学校説明会	11月21日(土)	13:30	不	
◎秀光	合唱コンクール	11月14日(土)	13:00	要	
	秀光祭	11月15日(日)	13:00	要	
	入試説明会	12月6日(日)	14:00	要	6年生、アルカディア市ヶ谷
		12月12日(土)	14:00	要	6年生
		12月19日(土)	14:00	要	6年生
◎修徳	学校説明会	12月12日(土)	14:00	不	
		12月19日(土)	14:00	不	
		1月9日(土)	14:00	不	
◎淑徳	中学校説明会	11月22日(日)	9:30	要	
		12月13日(日)	9:30	要	
○淑徳ＳＣ	学校説明会	11月14日(土)	14:00	不	
		11月15日(日)	11:00	不	
		11月21日(土)	14:00	不	
		11月22日(日)	14:00	不	

まだまだ行ける! 学校説明会

学校名	行事内容	開催日	開始時間	予約	備考
◯聖ヨゼフ学園	個別相談会	1月20日(水)	9:00	要	3～6年生
		1月21日(木)	9:00	要	3～6年生
		1月22日(金)	9:00	要	3～6年生
	クリスマスバザー、チャリティーコンサート	11月29日(日)	10:00	不	4～6年生
		11月29日(日)	13:00	不	4～6年生
◎成立学園	個別相談会	11月21日(土)	10:00	不	
		12月5日(土)	10:00	不	
		12月12日(土)	10:00	不	
	今のキミの学力が分かるテスト	12月20日(日)	8:30	要	
	個別相談会	12月23日(水)	10:00	不	
		12月25日(金)	10:00	不	
		12月26日(土)	10:00	不	
	今のキミの学力が分かるテスト	1月5日(火)	8:30	要	
◎青稜	イブニング説明会	11月13日(金)	18:00	不	保護者
	体験入学	11月21日(土)	14:00	要	
	入試説明会	11月28日(土)	10:30	不	
	入試個別相談会	1月9日(土)	10:30	不	
◯聖和学院	個別説明会	11月21日(土)	10:00	要	
	学校説明会	12月5日(土)	10:00	不	
	個別説明会	12月12日(土)	10:00	要	
		12月26日(土)	10:00	要	
	学校説明会	1月9日(土)	10:00	不	
	個別相談会	1月16日(土)	10:00	要	
		1月23日(土)	10:00	要	
●世田谷学園	6年生対象説明会	11月11日(水)	10:30	要	6年生
	5年生以下対象説明会	11月16日(月)	10:30	要	4、5年生
	6年生対象説明会	11月21日(土)	10:30	要	6年生
	5年生以下対象説明会	11月28日(土)	10:30	要	4、5年生
	6年生対象説明会	11月30日(月)	10:30	要	6年生
		12月1日(火)	10:30	要	6年生
		12月5日(土)	10:30	要	6年生
	5年生以下対象説明会	12月11日(金)	10:30	要	4、5年生
	入試直前説明会	12月12日(土)	10:30	要	6年生
◎専修大学松戸	学校説明会	12月13日(日)	10:00	不	
	学校説明会(ダイジェスト版)	1月10日(日)	14:00	不	説明会の参加が初めての6年生
◯洗足学園	学校説明会	11月28日(土)	10:00	不	
	入試問題説明会	12月19日(土)	8:30	要	6年生
		12月19日(土)	13:00	要	6年生
◯捜真女学校	ナイト説明会	11月27日(金)	18:30	不	
	学校説明会	1月9日(土)	10:00	不	
◎相洋	音楽会	11月14日(土)	10:00	不	
	学校説明会	12月13日(日)	10:00	要	4～6年生
タ ●高輪	入試説明会	12月5日(土)	14:00	要	4～6年生
		1月8日(金)	14:00	要	4～6年生
◯瀧野川女子学園	入試チャレンジ2科・4科	11月21日(土)	13:30	要	6年生
	入試チャレンジ解説会・相談会	11月28日(土)	13:30	要	6年生
	相談会	12月5日(土)	13:30	要	
	学校説明会	12月19日(土)	13:30	要	
		1月9日(土)	13:30	要	
	入試相談会	1月16日(土)	13:30	要	6年生
◎橘学苑	学校説明会	11月21日(土)	9:30	不	
	オープンスクール	11月21日(土)	9:30	要	受験生
	模擬試験	12月19日(土)	8:20	要	受験生
	学校説明会	12月19日(土)	8:30	不	
	ミニ説明会	1月13日(水)	10:00	要	
◎玉川学園	学校説明会	11月13日(金)	10:00	要	購買部ギャラリー
	入試問題説明会(一般クラス&IBクラス)	12月5日(土)	10:00	要	
	学校説明会	1月14日(木)	10:00	要	
◯玉川聖学院	受験生向け説明会(プレテスト)	11月23日(月)	9:00	要	
	受験生向け説明会	12月5日(土)	10:00	要	
	学校説明会	1月12日(火)	10:00	要	保護者
◎多摩大学目黒	学校説明会	11月11日(水)	10:00	不	
	体験学習(英会話と部活体験)	11月21日(土)	10:00	要	あざみ野セミナーハウス
	学校説明会	12月5日(土)	10:00	不	
		1月9日(土)	10:00	不	
		1月13日(水)	19:00	不	
◎千葉日本大学第一	学校説明会	11月21日(土)	14:00	不	
◎千葉明徳	学校説明会	11月15日(日)	10:00	要	4～6年生
◎中央大学附属	学校説明会	11月21日(土)	12:00	不	

学校名	行事内容	開催日	開始時間	予約	備考
◯白梅学園清修	入試個別相談会	12月20日(日)		要	
		12月21日(月)		要	
		12月22日(火)		要	
		12月23日(水)		要	
	適正検査型入試体験会	12月23日(水)	午前	要	
	入試個別相談会	12月24日(木)		要	
		12月25日(金)		要	
	適正検査型入試体験会解説授業	12月25日(金)	午後	要	
	入試個別相談会	12月26日(土)		要	
		12月27日(日)		要	
		12月28日(月)		要	
●逗子開成	土曜見学会	11月14日(土)	10:00	要	
	水曜見学会	11月18日(水)	10:00	要	
	中学入試説明会	12月11日(金)	14:00	不	
	土曜見学会	12月19日(土)	10:00	要	
◎駿台学園	学校説明会	11月14日(土)	10:00	不	
	休日個別相談会	11月15日(日)	10:00	要	
		11月22日(日)	10:00	要	
		11月23日(月)	10:00	要	
		11月29日(日)	10:00	要	
	学校説明会	12月5日(土)	10:00	不	
	休日個別相談会	12月6日(日)	10:00	要	
	学校説明会	12月12日(土)	10:00	不	
	休日個別相談会	12月13日(日)	10:00	要	
		12月20日(日)	10:00	要	
		12月23日(水)	10:00	要	
	学校説明会	1月9日(土)	10:00	不	
		1月16日(土)	10:00	不	
●聖学院	学校説明会	11月28日(土)	10:00	要	
	プレミアム説明会	12月8日(火)	10:30	要	保護者
	学校説明会	12月23日(水)	10:00	要	
		1月9日(土)	10:30	要	
◎成蹊	入試対策講座	11月14日(土)	13:30	要	成蹊大学内
●聖光学院	聖光音楽祭	11月21日(土)	14:00		
●成城	中学校説明会	11月21日(土)	10:30	要	
		1月16日(土)	10:30	要	
◎清真学園	入試説明会	11月28日(土)			
◯聖セシリア女子	学校説明会	11月12日(木)	10:00	不	
	学校見学会	11月27日(金)	10:00	要	
	学校説明会	12月12日(土)	10:00	不	
	学校見学会	1月15日(金)	10:00	要	
◯清泉女学院	学校説明会	11月28日(土)	10:00	不	保護者
	少人数見学会	12月9日(水)	10:00	要	保護者
	親子見学会	11月14日(土)	10:00	要	
	親子見学会	12月5日(土)	10:00	要	
◯聖徳大学附属取手聖徳女子	音楽講習会	11月15日(日)	10:00	要	
	オープンスクール(入試対策編)	11月22日(日)	10:00	要	
	オープンスクール(入試対策編)	12月13日(日)	10:00	要	
	音楽講習会	12月26日(土)	10:00	要	
	音楽レッスンシリーズ	11月21日(土)	8:45	要	
		11月21日(土)	9:45	要	
		11月21日(土)	10:45	要	
		11月21日(土)	11:45	要	
		12月12日(土)	8:45	要	
		12月12日(土)	9:45	要	
		12月12日(土)	10:45	要	
		12月12日(土)	11:45	要	
◯星美学園	学校説明会	11月21日(土)	14:00	不	
	入試対策会	11月21日(土)	15:00	要	6年生
	学校説明会	12月23日(水)	14:00	不	
	授業体験会	12月23日(水)	14:00	要	
	入試対策会	12月23日(水)	15:00	要	6年生
	入試体験会	1月17日(日)	8:30	要	6年生
	クリスマス会	12月23日(水)	16:00	要	
◎聖望学園	学校説明会	11月22日(日)	10:00	要	4～6年生
	入試問題解説授業	11月22日(日)	10:50	要	5、6年生
	学校説明会	12月12日(土)	10:00	要	4～6年生
	入試問題解説授業	12月12日(土)	15:20	要	5、6年生
◯聖ヨゼフ学園	学校説明会	11月21日(土)	10:00	不	
	入試問題勉強会	11月21日(土)	10:00	要	6年生
	体験入試	12月20日(日)	9:00	要	5、6年生
	入試説明会	1月11日(月)	10:00	不	3～6年生
	個別相談会	1月18日(月)	9:00	要	3～6年生
		1月19日(火)	9:00	要	3～6年生

学校名	行事内容	開催日	開始時間	予約	備考
◎東京成徳大学	学校説明会	1月16日(土)	10:30	不	
◎東京電機大学	授業公開	11月11日(水)	10:00	要	6年生
	入試説明会	11月14日(土)	14:00	要	
	入試過去問解説	12月19日(土)	10:00	要	6年生
	入試説明会	1月7日(木)	14:30	要	6年生
●東京都市大学付属	土曜ミニ説明会	11月14日(土)	10:00	要	
	過去問チャレンジ	11月22日(日)	9:00	要	受験生(6年生)
	入試説明会	11月22日(日)	10:00	要	
	土曜ミニ説明会	11月28日(土)	10:00	要	
	冬季イブニング説明会	12月18日(金)	18:30	要	
	土曜ミニ説明会	1月16日(土)	10:00	要	
	入試説明会	1月17日(日)	10:00	要	
	土曜ミニ説明会	1月23日(土)	10:00	要	
◎東京都立桜修館	授業公開週間(秋)	11月10日(火)		不	
		11月11日(水)		不	
		11月12日(木)		不	
		11月13日(金)		不	
		11月14日(土)		不	
	ようこそ小学生	11月21日(土)		要	5、6年生
	出願手続等説明会	11月29日(日)		不	6年生
◎東京都立小石川	授業公開	11月14日(土)	8:45	不	
	適正検査問題解説会	11月22日(日)	午前	要	受験生(6年生)
◎東京都立白鷗高等学校附属	願書配布説明会	11月28日(土)		不	
	授業公開	11月21日(土)	10:30	不	
		12月11日(金)	13:20	不	
		12月12日(土)	10:30	不	
		1月23日(土)	10:30	不	
◎東京都立富士高等学校附属	募集案内配布説明会	11月28日(土)	14:00	不	
	授業公開	授業のある土曜日	8:50	不	
◎東京都立三鷹	授業公開	11月14日(土)	8:40	不	ミニ説明会実施
	学校説明会	11月28日(土)		不	
	授業公開	11月28日(土)	8:40	不	
		12月12日(土)	8:40	不	ミニ説明会実施
		1月23日(土)	8:40	不	
		1月30日(土)	8:40	不	
◎東京都立南多摩	成果発表会	11月21日(土)	8:45	不	
	応募説明会	11月28日(土)	12:45	不	受験生(5、6年生)、居住地区別
◎東京都立両国高等学校附属	願書配布説明会	11月28日(土)		不	時間は居住地域ごとに異なる
◎東京農業大学第一高等学校	入試説明会	12月13日(日)	10:00	不	6年生、大学講堂
		12月13日(日)	14:00	不	6年生、大学講堂
	学校説明会	1月9日(土)	10:00	不	大学講堂
◎東京農業大学第三高等学校附属	入試模擬体験	11月23日(月)	9:30	要	
	学校説明会	12月12日(土)	9:30	不	
◎東京立正	合唱コンクール	11月21日(土)	9:00	不	
	理科実験	11月28日(土)	10:00	不	
	入試説明会・学校説明会	11月28日(土)	10:00	不	
		12月12日(土)	10:00	不	
	入試の傾向と対策	12月12日(土)	10:00	不	
	入試説明会・学校説明会	1月16日(土)	10:00	不	
	入試直前体験	1月16日(土)	10:00	不	
□桐光学園	中学入試問題説明会(男子・女子)	11月14日(土)	13:30	不	
	入試問題説明会	12月19日(土)	13:30	不	
◎東星学園	入試個別相談	12月15日(火)	13:30	要	
		12月16日(水)	13:30	要	
		12月17日(木)	13:30	要	
		12月18日(金)	13:30	要	
		12月19日(土)	13:30	要	
		12月20日(日)	10:00	要	
	クリスマス会	12月22日(火)	9:30	要	
	入試体験会	1月9日(土)	10:30	要	
●桐朋	自由研究展示会	11月17日(火)	14:00		
		11月18日(水)	14:00		
		11月19日(木)	14:00		
		11月20日(金)	14:00		
	学校説明会	11月21日(土)	14:00	要	
○桐朋女子	学校説明会	11月14日(土)	14:00	要	
		12月5日(土)	14:00	要	
		1月9日(土)	14:00	要	
◎東邦大学付属東邦	学校見学会	11月14日(土)	10:00	要	4～6年生
		11月21日(土)	10:00	要	4～6年生
		11月28日(土)	10:00	要	4～6年生
		12月5日(土)	10:00	要	4～6年生
○東洋英和女学院	入試問題説明会	11月28日(土)	9:00	不	6年生

タ

学校名	行事内容	開催日	開始時間	予約	備考
◎千代田区立九段	天体観望会	11月28日(土)		要	受験生(4～6年生)
		1月23日(土)		要	受験生(4～6年生)
◎土浦日本大学	入試問題解説会	11月21日(土)	10:00	要	
◎鶴見大学附属	学校説明会	11月14日(土)	10:00	不	
	合唱祭	11月21日(土)	13:00	不	
	入試問題の傾向と対策	11月28日(土)	10:00	不	
	サテライト説明会	12月3日(木)	19:00	要	鶴見大学会館
	入試模擬体験	12月12日(土)	9:00	要	
	入試直前説明会	1月16日(土)	10:00	不	
◎帝京	合唱コンクール	11月18日(水)	10:00	不	川口リリア
	入試説明会・学校説明会	11月21日(土)	11:00	要	
		12月6日(日)	11:00	不	
		12月19日(土)	13:30	要	
		1月16日(土)	13:30	不	
◎貞静学園	プレテスト	11月21日(土)	10:00	要	6年生
	学校説明会	11月28日(土)	10:00	不	
	プレテスト	12月6日(日)	10:00	要	6年生
	学校説明会	12月12日(土)	10:00	不	
	入試対策講座	12月20日(日)	9:00	要	6年生
	学校説明会	1月9日(土)	10:00	不	
○田園調布学園	土曜プログラム・クラブ見学	11月21日(土)	9:00	不	
	学校説明会	11月21日(土)	13:00	不	
		12月5日(土)	10:00	不	6年生
	入試体験	12月5日(土)	10:00	不	6年生
	学校説明会	12月11日(金)	19:30	要	
		1月13日(水)	19:30	要	
	定期音楽会	1月26日(火)	12:30	不	横浜みなとみらいホール
□桐蔭学園	体育祭	11月10日(火)	9:00	不	日産スタジアム(新横浜)
	入試体験会(子)	12月5日(土)	9:30	要	受験生(6年生)
	入試説明会(親)	12月5日(土)	10:30	不	
◎東海大学菅生高等学校	入試体験教室	11月21日(土)	14:00	要	
	音楽祭	12月17日(木)	13:00	不	
	入試体験教室	12月23日(水)	10:00	要	
	学校説明会	1月9日(土)	14:00	不	
◎東海大学付属浦安	学校説明会	11月14日(土)	10:00	不	
		12月5日(土)	10:00	不	
◎東海大学付属相模	学校説明会	11月22日(日)	10:00	不	
		12月13日(日)	10:00	不	
○東京家政学院	適正検査対策説明会	11月28日(土)	14:00	要	
	過去問題解説説明会	11月28日(土)	14:00	要	
	入試直前対策説明会	12月12日(土)	14:00	要	
	適正検査対策説明会	1月7日(木)	10:00	要	
	入試直前対策説明会	1月9日(土)	10:00	要	
	キャンパスツアー	1月16日(土)	11:00	要	
	合唱祭	1月28日(木)	13:00		練馬文化センター
○東京家政大学附属女子	学校説明会	11月14日(土)	10:00	不	
	スクールランチ説明会	11月22日(日)	11:00	要	4～6年生
	学校説明会	12月5日(土)	10:00	要	
	緑苑祭	12月24日(木)	10:00	不	
		12月25日(金)	10:00	不	
	学校説明会	1月9日(土)	10:00	不	
		1月23日(土)	10:00	不	
	ミニ学校説明会	11月13日(金)	10:00	要	保護者
		11月20日(金)	10:00	要	保護者
		11月27日(金)	10:00	要	保護者
		12月4日(金)	10:00	要	保護者
		1月15日(金)	10:00	要	保護者
○東京純心女子	学校説明会	11月11日(水)	10:30	不	保護者
	学校説明会+入試体験	11月28日(土)	10:30	不	6年生
	適正検査型説明会	12月23日(水)	13:00	不	6年生
	クリスマスページェント	12月23日(水)	14:30	要	
	学校説明会+入試体験	1月9日(土)	10:30	要	6年生
○東京女学館	入試説明会	11月14日(土)	10:00	要	6年生
	学校説明会	12月22日(火)	13:00	不	
○東京女子学園	入試説明会・学校説明会	11月21日(土)	14:00	要	
	体験会	11月21日(土)	14:00	要	
	入試説明会・学校説明会	12月12日(土)	10:00	要	
		12月12日(土)	14:00	要	
	入試対策勉強会	12月12日(土)	10:00	要	6年生
		12月12日(土)	14:00	要	6年生
	入試説明会・学校説明会	1月9日(土)	10:00	要	
◎東京成徳大学	学校説明会	11月22日(日)	10:30	不	
	出題傾向説明会	12月13日(日)	10:30	不	
		1月7日(木)	10:30	不	

まだまだ行ける！ 学校説明会

学校名	行事内容	開催日	開始時間	予約	備考
◎広尾学園	入試傾向説明会	12月19日（土）	10:00	要	5、6年生
○富士見	小5以下対象学校説明会	11月21日（土）	10:30	要	4、5年生
	学校説明会	12月5日（土）	10:30	要	
		1月16日（土）	10:30	要	
○富士見丘	学校説明会	11月23日（月）	10:00	不	
	特別講座体験	11月23日（月）	11:00	要	
	入試説明会	12月5日（土）	13:00	不	
	チャレンジ体験入試	12月5日（土）	13:00	要	受験生
	思考のスキルアップセミナー	12月5日（土）	13:00	要	受験生
	入試説明会	12月20日（日）	10:00	不	
	ワールドカフェ（在校生との懇親会）	12月20日（日）	11:00	要	
	入試説明会	1月9日（土）	10:00	不	
	思考のスキルアップセミナー	1月9日（土）	10:00	要	受験生
	チャレンジ体験入試	1月9日（土）	13:00	要	受験生
○藤村女子	中学説明会	11月14日（土）	14:00	不	
		12月12日（土）	14:00	不	
		1月9日（土）	14:00	不	
◎武南	入試体験会	11月29日（日）	9:30	要	6年生
	学校説明会	12月5日（土）	10:00	不	
	入試体験会	12月20日（日）	9:30	要	6年生
○文化学園大学杉並	入試説明会	11月28日（土）	10:00	不	
		12月5日（土）	10:00	不	
		12月5日（土）	14:00	不	
	クリスマス英会話	12月12日（土）	14:00	要	
	入試体験会	1月17日（日）	14:00	要	
○文華女子	学校説明会	11月14日（土）	10:00	不	
	入試体験	12月13日（日）	10:00	不	
	入試説明会	1月24日（日）	10:00	不	
○文京学院大学女子	入試解説・学校説明会	11月15日（日）	10:00	不	
		11月15日（日）	13:30	不	
	入試体験	11月29日（日）	10:00	要	
		11月29日（日）	13:30	要	
	学校説明会イブニングセッション	12月4日（金）	18:30	要	
	入試体験	12月20日（日）	10:00	要	
		12月20日（日）	13:30	要	
	入試解説・学校説明会	1月10日（日）	10:00	不	
		1月10日（日）	13:30	不	
	学校説明会イブニングセッション	1月15日（金）	18:30	要	
◎文教大学付属	プレミアム説明会	11月17日（火）	11:00	不	
	学校説明会	11月28日（土）	14:00	不	
	授業公開デー	11月30日（月）	11:00	不	
		12月1日（火）	11:00	不	
		12月2日（水）	11:00	不	
	入試模擬体験	12月12日（土）	8:30	要	
	入試問題対策説明会	1月9日（土）	10:30	要	2科
		1月9日（土）	14:00	要	4科
	プレミアム説明会	1月13日（水）	11:00	不	
	授業公開デー	1月23日（土）	11:00	不	
◎星野学園	入試説明会	11月22日（日）	10:00	要	
		12月13日（日）	10:00	要	
	入試過去問解説授業	11月22日（日）	10:00	要	受験生（6年生）、入試説明会と同時開催
		12月13日（日）	10:00	要	受験生（6年生）、入試説明会と同時開催
●本郷	入試説明会	11月28日（土）	14:00	不	
	親子見学会	12月23日（水）	10:30	要	
		12月23日（水）	14:00	要	
◎本庄東高等学校附属	入試説明会	11月21日（土）	14:00	要	保護者
	プチ相談会	12月5日（土）	14:00	要	6年生
		12月20日（日）	10:00	要	6年生
マ ○聖園女学院	授業見学会	11月18日（水）	10:30	要	
	学校説明会	11月23日（月）	9:30	不	
	体験入学	11月23日（月）	9:30	不	受験生
	過去問勉強会	11月23日（月）	9:30	不	受験生
	学校説明会	12月13日（日）	9:30	不	
	体験入学	12月13日（日）	9:30	不	受験生
	クリスマスキャロル	12月18日（金）	14:00	不	
	クリスマスタブロ	12月19日（土）	14:00	要	
	授業見学会	1月15日（金）	10:00	要	6年生
◎三田国際学園	入試説明会	11月21日（土）	10:00	要	
		12月19日（土）	10:00	要	

学校名	行事内容	開催日	開始時間	予約	備考
○東洋英和女学院	クリスマス音楽会	12月12日（土）	13:00	不	
		12月12日（土）	15:00	不	
	ミニ学校説明会	12月26日（土）	10:00	要	6年生
◎東洋大学京北	学校説明会	12月12日（土）	15:00	要	
	入試問題解説会	12月20日（日）	13:30	要	東洋大学白山キャンパス
○トキワ松学園	学校説明会	11月29日（日）	14:00	要	
	適正検査型入試説明会	12月5日（土）	10:00	要	
	入試体験教室	12月23日（水）	14:00	要	受験生（5、6年生）
	入試説明会	12月23日（水）	14:00	要	保護者
		1月11日（月）	14:30	要	保護者
	算数勉強教室	1月11日（月）	14:30	要	受験生（5、6年生）
	学校説明会	1月23日（土）	10:00	要	
○豊島岡女子学園	学校説明会	11月13日（金）	10:30	要	保護者
	ミニ学校説明会	11月23日（月）	10:00	要	
		11月23日（月）	12:00	要	
		11月23日（月）	14:00	要	
●獨協	学校説明会	11月15日（日）	13:30	要	
	体験授業	11月15日（日）	13:30	要	受験生（4～6年生）
	学校説明会	12月20日（日）	10:00	要	
◎獨協埼玉	学校説明会	11月22日（日）	10:00	不	
		12月12日（土）	10:00	不	
ナ ○中村	公開授業＆ミニ説明会	11月10日（火）	13:00	要	
	学校説明会	11月14日（土）	10:00	要	
	公開授業＆ミニ説明会	11月20日（金）	13:00	要	
		11月30日（月）	13:00	要	
	学校説明会	12月12日（土）	10:00	要	
		12月17日（木）	19:00	要	保護者
	Ｃａｆｅ説明会	1月9日（土）	10:00	要	
		1月24日（日）	10:00	要	
	ぴっころこんさあと	1月23日（土）	9:00	不	
□西大和学園	入試説明会	11月14日（土）	11:00	要	
◎二松學舍大学附属柏	ミニ説明会	11月14日（土）	10:00	不	
	学校説明会	11月23日（月）	10:00	不	
	ミニ説明会	11月28日（土）	10:00	不	
		12月5日（土）	10:00	不	
	個別相談会	12月24日（木）	12:00	不	柏そごう
	ミニ説明会	1月9日（土）	10:00	不	
◎日本工業大学駒場	学校説明会	11月15日（日）	10:00	不	
	平日説明会	11月25日（水）	11:00	不	保護者
	学校説明会	12月5日（土）	14:00	不	
	平日説明会	12月14日（月）	11:00	不	保護者
	プレテスト	12月20日（日）	8:45	要	受験生（5、6年生）
	学校説明会	1月17日（日）	10:00	不	
○日本女子大学附属	学校説明会	11月21日（土）	14:00	不	日本女子大目白キャンパス
	入試問題解説会	11月21日（土）	14:00	要	受験生（6年生）
	親子天体観望会	12月5日（土）	17:00	要	
◎日本大学第一	学校説明会	11月14日（土）	10:00	要	
		11月14日（土）	14:00	要	
		11月22日（日）	10:00	要	
		11月22日（日）	14:00	要	
	学校見学会	12月26日（土）	10:00	要	
		12月26日（土）	14:00	要	
		12月27日（日）	10:00	要	
		12月27日（日）	14:00	要	
	中学入試直前相談会	1月9日（土）	17:00	要	
◎日本大学第三	学校説明会	11月28日（土）	13:45	不	3～6年生
		1月9日（土）	13:45	不	3～6年生
●日本大学豊山	学校説明会	11月23日（月）	13:00	不	
	授業体験	11月23日（月）	13:00	要	受験生
	学校説明会	12月6日（日）	13:00	不	
	入試解説ミニ講座	12月6日（日）	13:00	要	受験生
		1月16日（土）	14:00	要	受験生
○日本大学豊山女子	学校説明会	11月23日（月）	10:00	要	
		12月5日（土）	10:00	要	
		1月9日（土）	10:00	要	
◎日本大学藤沢	入試説明会	11月14日（土）	14:00	不	
ハ ◎日出	学校説明会	11月11日（水）	18:00	不	
	すずかけ祭	11月21日（土）	10:00	不	
		11月22日（日）	10:00	不	
	学校説明会	11月29日（日）	11:00	不	
		12月5日（土）	11:00	不	
		1月9日（土）	13:30	不	
◎日出学園	一般入試説明会	12月5日（土）	14:00	要	
◎広尾学園	学校説明会	12月19日（土）	10:00	要	

まだまだあります！ 学校説明会

学校名	行事内容	開催日	開始時間	予約	備考
●横浜	中学入試学校説明会	11月21日(土)	10:00	不	
		12月19日(土)	10:00	不	
	入試問題体験日	12月19日(土)	10:00	要	
	中学入試学校説明会	1月16日(土)	10:00	不	
○横浜女学院	学校説明会	11月14日(土)	10:00	要	
	学校説明会・入試体験	12月19日(土)	10:00	要	
		1月16日(土)	8:30	要	6年生
◎横浜翠陵	ミニ説明会	11月13日(金)	10:00	要	保護者
	模擬入試／入試問題傾向対策	11月23日(月)	9:30	要	6年生
	入試問題解説会	12月13日(日)	9:30	要	
	模擬入試／入試問題傾向対策	1月11日(月)	9:30	要	6年生
	土曜授業見学会＆ミニ説明会	毎週土曜日	9:30	要	5、6年生
	土曜サイエンスラボ	毎週土曜日		要	受験生(5、6年生)
	ミニ説明会	1月21日(木)	10:00	要	保護者
◎横浜創英	ミニ説明会	11月11日(水)	10:00	要	保護者
	学校説明会	11月23日(月)	10:00	要	
	模擬入試	12月13日(日)	9:00	要	受験生(6年生)
	学校説明会	1月9日(土)	10:00	要	
	ミニ説明会	1月19日(火)	10:00	要	保護者
◎横浜隼人	地域公開教室	11月14日(土)	10:00	要	3～6年生
	ミニ説明会	11月24日(火)	10:00	不	
	学校説明会	12月12日(土)	14:00	要	6年生
		1月9日(土)	10:00	不	
	ミニ説明会	1月23日(土)	10:00	不	
○横浜富士見丘学園	学校説明会	11月14日(土)	10:00	不	
		12月3日(木)	19:00	要	
		12月4日(金)	10:00	不	
	プレ入試体験会	12月20日(日)	9:00	要	
	学校説明会	1月15日(金)	10:00	不	
○横浜雙葉	土曜日学校案内	12月12日(土)	9:00	要	6年生
		12月12日(土)	10:00	要	6年生
		12月12日(土)	11:00	要	6年生
ラ ○立教女学院	学校説明会	11月21日(土)	13:00	要	5、6年生
	クリスマス礼拝	12月12日(土)	10:30	要	5、6年生
◎立正大学付属立正	学校説明会+入試問題解説会	11月14日(土)	14:00	不	
		12月13日(日)	10:00	不	
	学校説明会	1月9日(土)	14:00	不	
◎麗澤	入試説明会	11月23日(月)	10:30	不	
		11月29日(日)	10:30	不	
	ミニ入試説明会	12月13日(日)	午前	要	
		1月9日(土)	午前	要	
ワ ◎和光	学校説明会	11月15日(日)	10:00	不	
		12月12日(土)	13:30	不	
		1月9日(土)	13:30	不	
●早稲田大学高等学院	学校説明会	11月22日(日)	10:00	不	
○和洋国府台女子	学校説明会	12月12日(土)	10:30	不	
	入試問題対策講座	12月12日(土)	13:30	要	受験生
	学校説明会	1月9日(土)	10:30	不	
マ ○緑ヶ丘女子	体験授業	11月14日(土)	10:30	要	
	ジュニアイングリッシュ無料英会話教室	11月28日(土)	9:30	要	4～6年生
	入試説明会	12月5日(土)	10:00	不	
	ジュニアイングリッシュ無料英会話教室	12月19日(土)	9:30	要	4～6年生
	入試説明会	1月16日(土)	10:30	不	
	ジュニアイングリッシュ無料英会話教室	1月23日(土)	9:30	要	4～6年生
○三輪田学園	学校説明会	11月14日(土)	12:30	不	
	校長と入試問題にチャレンジ	11月21日(土)	10:00	要	6年生
	ミニ学校説明会	12月1日(火)	10:00	要	保護者
	校長と入試問題にチャレンジ	12月5日(土)	10:00	要	6年生
		12月19日(土)	14:00	要	6年生
	直前説明会	12月23日(水)	10:00	不	6年生
		1月9日(土)	10:00	不	6年生
	ミニ学校説明会	1月12日(火)	10:00	要	保護者
●武蔵	学校説明会	11月21日(土)	13:30	不	
○武蔵野女子学院	はじめてのＭＪ	11月12日(木)	13:00	要	
	ＭＪ体験入学＆入試問題解説	11月23日(月)	10:00	不	
	はじめてのＭＪ	12月11日(金)	13:00	要	
	ＭＪ入試のポイント	12月20日(日)	10:00	不	
	はじめてのＭＪ	1月9日(土)	10:00	要	
		1月23日(土)	10:00	要	
◎武蔵野東	学園祭	11月15日(日)	10:00	不	
	学校説明会	11月21日(土)	10:00	不	
	スクールツアー	11月27日(金)	16:00	要	4～6年生
	入試問題解説講座	12月5日(土)	10:30	要	受験生(6年生)
	スクールツアー	12月9日(水)	16:00	要	4～6年生
	学校説明会	12月11日(金)	10:00	不	
		1月9日(土)	10:00	不	
	入試問題解説講座	1月9日(土)	10:30	要	受験生(6年生)
	スクールツアー	1月13日(水)	16:00	要	4～6年生
		1月20日(水)	16:00	要	4～6年生
◎明治学院	学校説明会	11月11日(水)	11:00	不	
		11月21日(土)	14:00	不	
	クリスマスの集い	12月9日(水)	15:00	不	
	学校説明会	1月9日(土)	19:00	不	
	ハンドベル定期演奏会	1月22日(金)	19:00	不	中野ZEROホール
◎明治大学付属中野八王子	オープンスクール	11月28日(土)	10:50	不	
	学校説明会	12月5日(土)	14:30	不	
	入試個別質問会	1月9日(土)	14:30	不	
◎明治大学付属明治	6年生対象入試対策説明会	11月28日(土)	10:00	要	受験生
		11月28日(土)	14:00	要	受験生
◎明星	学校説明会	11月20日(金)	19:00	不	
		12月5日(土)	14:00	不	
		1月16日(土)	15:00	不	
●明法	入試傾向説明会	11月22日(日)	10:00	不	
	入試体験会	12月20日(日)	9:00	要	6年生
	学校説明会	1月23日(土)	10:00	不	
◎目黒学院	学校説明会	11月13日(金)	18:00	不	
		12月12日(土)	10:00	不	
		1月9日(土)	10:00	不	
◎目白研心	学校説明会	11月17日(火)	10:30	不	
	個別見学会	11月30日(月)	10:30	不	
	入試体験	12月13日(日)	10:30	要	
	個別見学会	1月9日(土)	10:30	不	
◎森村学園	学校説明会	11月22日(日)	10:30	不	
	入試問題解説会	12月6日(日)	14:00	要	6年生
	ミニ学校説明会	1月9日(土)	10:30	要	6年生
ヤ ◎山手学院	学校説明会	11月21日(土)	10:00	不	
	ミニ説明会	12月5日(土)	10:00	要	
		1月9日(土)	10:00	要	
○山脇学園	入試説明会・学校説明会	11月14日(土)	9:00	要	
		12月12日(土)	9:00	要	
		1月9日(土)	9:00	要	
◎横須賀学院	水曜ミニ説明会	12月までの毎週水曜	10:00	要	
	学校説明会	12月12日(土)	10:30	不	
	合唱コンクール	11月14日(土)	10:00	要	
	クリスマス・ページェント	12月21日(月)	10:30	要	
	土曜ミニ説明会	1月9日(土)	10:00	要	
		1月16日(土)	10:00	要	

学校説明会のチェックポイント

①交通の便　電車やバスの時刻表、乗り継ぎの良し悪し。
②施設　校舎や教室、図書館、自習室、体育館や武道館、部室、ロッカー、トイレ、更衣室、食堂の充実度。
③校風　教育理念・目標、生徒の面倒見はどうか。校則は厳しいのか、学力養成のほか生活指導も充実しているか。
④在校生のようす　活発か、あいさつのようす、先生との距離、持ち物や服装を観察。そんな生徒とわが子の相性は？
⑤授業時間と教育内容　日々の課題や予習の量、授業時間、始業・終業時刻、時間割、部活動の時間制限なども重要。
⑥補習や土曜授業の有無　補習の実際、土曜日の活用。大学受験時の進学対策の有無、そのときに通塾は必要か。
⑦部活動や行事　部活動に力を入れているか、興味のある部活動があるか、設備は充実しているか。学校行事では文化祭、体育祭のようすや修学旅行先（国内、海外、その費用）、合唱祭、鑑賞会などの規模と生徒の関わりなども。
⑧卒業生の進路　大学への合格者数、進学者数の実際。

株式会社 クロノクリエイト
CHRONO CREATE

〒150-0001 東京都渋谷区神宮前 5-52-2 青山オーバルビル 2F
Tel 03-5468-6986　Fax 03-5468-6987
E-mail info@e-canpass.com http://www.e-canpass.com

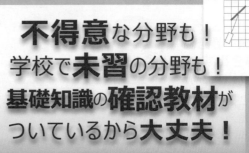

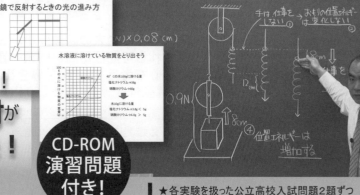

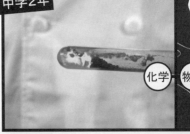

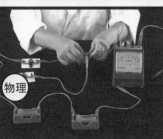

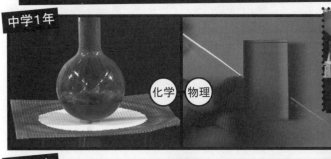

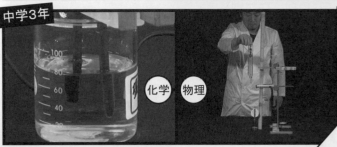

授業は集団、ＴＴＣで個別対応

今こそWIN-WIN！冬の茗渓パワー！

○合格への準備進んでいますか?

現在進行中

志望校別特訓　毎週土曜日

冬期講習受付中!（小1～小6）

●小1～小5　12月冬期前1ヶ月無料体験受付中!

（テキスト代のみ実費）

めいけいの冬期講習

千葉県：12月25日～30日＆1月4日・5日

東京・埼玉：12月26日～30日＆1月4日～6日

・小３～小６ピラミッド＆ＴＴＣ（年内５日間）

・公立一貫校受検（小５は年内５日間、小６は８日間）

・わくわくワークルーム（小１・２）（年内４日間）

・中学受験コース（小3・4は年内5日間、小5・6は8日間）

教務便り冬期特別号

冬期講習の詳しい内容・日程・費用が分かります。

お電話でお気軽にご請求下さい。

■12月20日（日）

小６対象

市川学園受験の合否にせまる!

市川そっくり模試

AM ８時２０分集合

瑞江・本八幡・船橋・鎌取教室

■12月31日＆1月2日・3日

小６対象

正月特訓

会場：瑞江教室

●志望校別答案作成練習

●「やり直し」の徹底

●基礎力アップ

■12月23日（水・祝）

茗渓模試

会場：かえつ有明中学校

小５対象「入試１年前体験」

（私国立・公立一貫）

早い体験が意識を変える!

塾スタッフが引率します。

小６対象「入試本番そっくり体験」

●私国立中学受験コース

●公立一貫校受検コース

本番で力が出せるのか、本番と同じ設定で行います。

茗渓塾

MEI KEI JYUKU

http://www.meikei.com

本部事務局　☎ 03-3320-9661

教務本部　☎ 03-3659-8638

笹塚教室	☎ 03-3378-0199
大山教室	☎ 03-3958-3119
小岩教室	☎ 03-3672-1010
東大島教室	☎ 03-5875-1223
稲毛教室	☎ 043-207-6565
千葉教室	☎ 043-290-5680
鎌取教室	☎ 043-300-0011
川口教室	☎ 048-241-5456
富士見教室	☎ 049-251-2048
方南教室	☎ 03-3313-2720
王子教室	☎ 03-3913-8977
瑞江教室	☎ 03-3698-7070
本八幡教室	☎ 047-393-6506
船橋教室	☎ 047-460-3816
土気教室	☎ 043-205-5541
ユーカリが丘教室	☎ 043-460-2070
大宮教室	☎ 048-650-5655

中学受験 合格アプローチ 2016年度入試用

入試直前 必勝ガイド

あとがき

いよいよ入試が近づきました。まさに正念場のこの時期、保護者のみなさまにとっても胃の痛むような日々ではないでしょうか。

この本は、そんな保護者、受験生のために「入試直前期」にスポットをあてて編集されました。

これまで、一生懸命中学受験に向かって勉強に取り組んできた受験生を見守ってきたお父さま、お母さまなら、だれもが「合格」を手にしたいのは当たり前。神にも祈りたいといった心境でしょう。

でも、ほんとうの「ゴール」はもっとさきにあるはずです。

そのことに思いを馳せることができる保護者のかたは、お子さまにも余裕を持って接することができるでしょう。

あたたかい笑顔での言葉がけが、どんなにお子さまを勇気づけるかわかりません。これからの時期はお子さまに「安心感」を与えつづけることが大切です。どうか、家族みんながおおらかな気持ちで、肩を組んでゴールへと飛びこんでください。

「中学受験」をつうじて、お子さまにもご両親にも、すばらしい成果がもたらされることを願ってやみません。

『合格アプローチ編集部』

営業部よりご案内

『合格アプローチ』は首都圏有名書店にてお買い求めになれます。

万が一、書店店頭に見あたらない場合には、書店にてご注文のうえ、お取り寄せいただくか、弊社営業部までご注文ください。ホームページでも注文できます。送料は弊社負担にてお送りいたします。代金は、同封いたします振込用紙で郵便局よりご納入ください。(郵便振替 00140-8-36677)

ご投稿・ご注文・お問合せは

株式会社グローバル教育出版

【所在地】〒101-0047

東京都千代田区内神田2-4-2 グローバルビル

【電話番号】03-3253-5944《合格しよう》(代)

【FAX番号】03-3253-5945

URL:http://www.g-ap.com

e-mail:gokaku@g-ap.com

合格アプローチ　2016年度入試用

中学受験直前対策号

入試直前 必勝ガイド

2015年11月10日初版第一刷発行

定価：本体 1,000 円＋税

●発行所／株式会社グローバル教育出版

〒101-0047 東京都千代田区内神田2-4-2 グローバルビル

電話 03-3253-5944(代)　　FAX 03-3253-5945

http://www.g-ap.com　　郵便振替 00140-8-36677

ISBN978-4-86512-075-2

C0037 ¥1000E

定価：本体1000円＋税